健美操运动理论教学与实践创新研究

冯艳 著

人民体育出版社

图书在版编目（CIP）数据

健美操运动理论教学与实践创新研究 / 冯艳著. --北京：人民体育出版社，2018（2023.9重印）
ISBN 978-7-5009-5489-7

Ⅰ.①健… Ⅱ.①冯… Ⅲ.①健美操—教学研究—高等学校 Ⅳ.①G831.32

中国版本图书馆CIP数据核字(2018)第276246号

*

人民体育出版社出版发行
北京中献拓方科技发展有限公司印刷
新 华 书 店 经 销

*

787×960　16开本　13.25印张　208千字
2018年12月第1版　2023年9月第3次印刷

*

ISBN 978-7-5009-5489-7
定价：58.00元

社址：北京市东城区体育馆路8号（天坛公园东门）
电话：67151482（发行部）　　邮编：100061
传真：67151483　　　　　　　邮购：67118491
网址：www.psphpress.com

（购买本社图书，如遇有缺损页可与邮购部联系）

前　言

健美操是一种把体操和舞蹈，包括音乐都结合起来的一种全新的运动项目。因为这项运动动作简单，容易学习，适应范围广。加上具有健身健美的功能，而且可以陶冶情操，愉悦身心，所以健美操得到了广大人民的热爱。

在我国，体育和教育事业蓬勃发展，很多学校的体育运动都受到了重视。学校体育项目内容也越来越丰富。健美操就是众多体育运动中的一项内容，得到了师生的广泛认可和喜爱。

为了普及健美操运动，让更多的人了解健美操的功能和价值，让学生科学地参与健美操教学活动，并在教学中了解健美操运动技能；也为了科学指引健美操教学的实践，推动学生对健美操运动技能的掌握，特撰写此书，希望可以为健美操教学工作带来指导作用。

本书一共有七章，分别从健美操的基本动作、教学、创编和形式方面做出了详细的阐述。第一章对健美操的基本情况做了阐述，包括发展、特点、价值等。第二章对健美操的基本动作进行了解读，包括了动作的特点、作用、分类和难度技巧。了解了健美操的基本内容之后，第三章、第四章、第五章对健美操的教学和实践创新进行了探讨和研究，包括教学的方法、文件，包括教学的课程组织、优化，以及创编的过程和方法等。通过这三章的深度阐述，可以对健美操教学和实践有更深刻的认知。给第六章和第七章的内容做了铺垫。第六章对健美操的运动形式做了详细的解读，让读者对健美操的形式和类别有清楚的了解。第七章进一步对健美操创新训练做出了解读，让读者了解健美操的创新训练内容和方式。

　　本书内容力求做到科学性、实用性和发展性。理论和实践相结合，给健美操的教学提供了丰富的指导和借鉴内容。希望读者能够通过阅读此书，提升自身的健美操运动技能水平。

　　本书在撰写过程中，借鉴了很多学者的研究成果和相关资料，在此表示由衷的谢意。因为受到能力水平的限制，书中难免有不妥之处，还望指正。

作者

2018年8月12日

目 录

第一章 健美操运动概述 …………………………………………（ 1 ）

    第一节 健美操运动的发展概况 ………………………………（ 1 ）

    第二节 健美操运动的分类及特点 ……………………………（ 5 ）

    第三节 健美操运动的功能及价值 ……………………………（ 11 ）

第二章 健美操运动基本动作研究 ………………………………（ 20 ）

    第一节 健美操基本动作特点与作用 …………………………（ 20 ）

    第二节 健美操基本动作分类 …………………………………（ 22 ）

    第三节 健美操常用基本难度与技巧动作 ……………………（ 28 ）

第三章 健美操运动理论教学创新研究 …………………………（ 33 ）

    第一节 健美操教学原则 ………………………………………（ 33 ）

第二节　健美操教学方法与手段 …………………………………（ 40 ）
　　第三节　健美操教学文件的制定 …………………………………（ 54 ）
　　第四节　健美操教学课的设计与评价 ……………………………（ 80 ）

第四章　现代健美操教学课程组织与优化创新研究 ………（ 96 ）

　　第一节　现代健美操教学新思想与新理念 ………………………（ 96 ）
　　第二节　健美操教学课程的组织与实施 …………………………（102）
　　第三节　健美操教学中的学生人文素质培养 ……………………（123）

第五章　健美操的创编创新研究 ………………………………（134）

　　第一节　健美操创编概述 …………………………………………（134）
　　第二节　健美操创编的意义与原则 ………………………………（153）
　　第三节　健美操创编的依据、过程与方法研究 …………………（157）
　　第四节　时尚健美操的音乐配制方法 ……………………………（161）

第六章　时尚健美操运动形式简介 ……………………………（169）

　　第一节　踏板操与健身球操 ………………………………………（169）
　　第二节　有氧搏击操与健身街舞 …………………………………（174）
　　第三节　水中健美操与健身瑜伽 …………………………………（186）

第七章　竞技健美操创新训练……………………………………（193）

第一节　竞技健美操动作创新训练……………………………（193）

第二节　竞技健美操难度动作创新训练………………………（194）

第三节　竞技健美操实践创新…………………………………（196）

后记……………………………………………………………………（199）

参考文献………………………………………………………………（200）

第一章　健美操运动概述

健美操（Aerobics）是在音乐伴奏下，在有氧运动的前提下，可以让身体更加健康、形体更加优美，并且具备观赏价值的体育项目。这项运动将人的力度、韧性、节奏感和平衡感、鉴赏力和展现力等很多特性都集合在了一起。

健美操是从有氧健身项目中衍生出来，属于有氧运动项目。同时配合音乐环境，具备了健身和娱乐的特性，而且也综合了多种运动的健身优势，具有高度的普及性和娱乐性。健美操不但可以展现动作的美感和力感，还可以让人的身体动作融合艺术美和体育美两种特性，让健美操变成了一项具有鉴赏性的运动类型。

第一节　健美操运动的发展概况

一、国际健美操运动的发展

（一）健美操运动的起源与发展

健美操的诞生年份在1968年，最初产生的地点是在美国的太空总署，产生的目的是为了提供给太空人进行体能锻炼。之后，在不断的发展当中，把音乐音律融入到了这项健身运动当中，同时配合了特殊器材，用来进行健身运动，使这种训练带有娱乐性，并对身体机能，尤其是对心血管功能有重要的影响。由于音乐伴奏与动作相配合的新颖性，引起了人们的注意。

在20世纪70年代末，健美操变成了一项独立存在的运动项目，显著的标志就是明星简·方达对于健身方面的见解，所著的一本名书的出版。这本书的出现，在全球范围内造成了巨大的影响。此后掀起了各国竞相开展健美操运动的高潮，也使得健美操运动在世界范围内迅速传播。

首届国际健美操比赛是由国际健美操联合会于1983年在日本举办的，该协会现在依然每年都会进行健美操比赛。并且比赛的项目构成都是由男子单人操、女子单人操、混合双人操、三人操（性别任意搭配）4个项目组成。2001年，国际体操联合会决定世界健美操锦标赛每两年举办一次，并增加六人操（性别任意搭配）的比赛项目。

（二）健美操国际组织

1978年10月，中国体操协会加入了国际体操联合会（International Gymnastic Federation），成为其会员国。国际体操联合会（简称国际体联，FIG）属于国际历史中历时最长、范围最广的国际单项体育机构之一，这个组织在1994年的时候，将健美操划分为了正规的比赛类别，同时第一次制定了正规的比赛规则，并且每4年修改颁布一次竞赛规则。从1995年开始每年举办FIG"健美操世界锦标赛"，每届均有40多个国家、百名以上的运动员参赛。伴随规则的改善，至2000年开始，如果年份是双数，就会举行世界性的健美操锦标赛。至于中国的健美操协会，进行的比赛都是国际性的。

二、国内健美操运动的发展

（一）我国健身健美操运动的发展

我国的健美操运动，开展于20世纪80年代，因为当时处在改革之初，所以人们的思想还比较保守，不够开放，至于国外的很多新奇事件都无法马上接受和适应，至于健美操运动的健身娱乐特质，更加没有深度的认知。我国的相关媒体对人体的健康和身形优美进行了系统的宣传，也加大了对健美操运动的系统宣传，加深了健美操运动在人们心中的位置。之后，我国的健美操运动逐渐开展起来。我国的首家健美操运动中心成立于1987年。名字叫"利生健康城"。健美操的全新运动形式，很快就被爱好健身的人们接受并实践，拥有了广泛的群众基础。

我国健美操协会成立的年份是1992年，是由国家民政部注册的，在这之后，很多行业体系也陆续设立了相关的机构，同时进行健美操运动。健美操运动的开展，也是由中华全国总工会和国家体委的有关部门一起合作举办的。之后，其他省份也陆续设立了区域性的健美操机构，让我国对健美操的项目管理越发正式和规范。在1997年的时候，健美操项目的管理部门是体操运动机构，每个省份的体育局都指定了对健美操运动进行管理的组织机构。这些规定措施对于我国健身健美操的开展和宣传都有重要的影响。

（二）我国竞技健美操运动的发展

伴随健美操运动的迅速进展，使用健美操方式进行运动健身的人数逐步增加，把健美操运动归为体育竞争体系，是健美操运动进行开展的主要需求。竞技健美操用它独特的姿势美、高难度、快节奏、高质量、创编新的优势，完全匹配了新形势下的各项需求，给当代健美操运动的开展投入了新鲜的血液。

三、健美操运动的发展趋势

（一）大众健美操的发展趋势

1. 市场前景更加美好

伴随社会的进步，科技的发展，人们的生活能力得到了提升，生活方式也进行了非常明显的改变，人们逐渐通过脑力活动来获取经济来源，导致生活负担和工作责任越来越大，使人们更加意识到健康的重要性，对健身的需求日趋强烈，健身健美操以独特的魅力受到人们广泛的喜爱，市场前景更加广阔。

2. 种类和练习形式将更加多样化

因为锻炼者的个体特征不同，所以，健身健美操的类型和锻炼方式不断多样化。比如，利用不同的器械进行健美操运动。比如，在水中进行健美操运动。又比如，具有特殊风格的健美操运动。这些多样化的健美操运动，都是按照不同锻炼者的年纪、身体能力、健康状况和锻炼目标的不同应运而生。

3. 科学化程度将不断提高

人们使用什么样的健身运动，往往会依据两种标准，来进行选择，一个是这项运动的科学程度如何，一个是这项运动的健身效果如何。而且，科学化是健身健美操练习效果的关键，如果缺乏科学性，就不会达到强身健体的效果。

4. 更加注重健身指导的服务质量

目前，随着各类健身场所的不断增多，竞争激烈，想要把健身活动运营下去，离不开人员的服务。服务的好坏会影响健身的效果，还会影响经营者的收入，严重者还会导致健身行业的兴盛和低迷。

（二）竞技健美操的发展趋势

1. 更加注重艺术性和创新性

所谓健美操的艺术性，通常展现为整体动作的多变性、承接动作的连贯性、场地空间的多变性和音乐风格的感染力、运动员的表现力以及集体项目中同伴之间的配合，等等。竞技健美操成套动作中艺术水平的高低不但是比赛中争取裁判认可、获得良好成绩的保障,也是能否得到观众喜爱的主要因素。

2. 向难、美方向发展

突出健美操的观赏性,拓宽项目的发展空间。新规则将成年组比赛场地改为10米×10米,托举中尖子允许做绕轴翻转动作。除此之外,还增加了单轴翻转的技巧动作,扩大了健美操的表演空间。表演空间的扩大使健美操动作更有立体感、动感和美感,增强了视觉冲击力,增强了健美操的鉴赏特性。

第二节 健美操运动的分类及特点

一、健美操运动的分类

当前健美操运动有很多种类型,按照它的目标能够划分为健身性、竞技性和表演性三种类型。根据其练习形式可以分成徒手健美操、器械健美操,这里主要对以上两种分类进行详细阐述。

(一)根据练习目的分类

1. 健身性健美操

所谓健身性健美操,也可以叫大众健美操,在音乐的伴奏下,节奏鲜明,轻松愉快,主要以促进身心健康为目的,非常受大众群体的喜欢。健美操的练习形式分为热身部分、有氧练习部分、形体练习和放松部分等几大块。根据不同的分类标准将健身性健美操分为以下几种。

(1)按年龄划分

由于不同年龄阶段的人在生理、体能、心理等方面的特点都有所不同，根据不同的特征，可以把健美操划分成不同的类型，比如适用于不同年龄段的健美操，就可以从年龄段的不同，来划分类型。

（2）按人数划分

按照人数主要划分为一个人、两个人、三个人和六个人的集体健美操。在进行集体健美操锻炼的时候，不但包含个人日常的训练行为，还常常需要与团队动作相结合，需要默契的配合。

（3）按动作风格划分

按照动作风格划分为搏击类健美操、融入拉丁元素的健美操、舞蹈类型的健美操和仿生性的健美操类型等。健美操的动作风格不一样，不但具有自己的优势，还拥有传统健美操的优点。同时也融入了不同类型的运动优势。比如，拉丁舞蹈类型的健美操运动中，就是结合了恰恰、斗牛、伦巴、桑巴等各种拉丁舞的元素，再结合现代健美操的基本步伐，使其动作更加丰富和时尚。

2. 竞技性健美操

竞技性健美操是根据健美操竞赛规则的需要，编制出了不但拥有超高的艺术性，还具有可以体现运动员能力水平的整套的系统性动作，以取得优异成绩为主要目的的竞技运动。裁判员在规定的时间内，根据其动作组合的步伐、难度、艺术性、完成情况等各种因素评分。对不同赛事的比赛人数、比赛地点、比赛服饰和整体动作的时长等都制定了严厉的规章制度，用来确保比赛的正规性、平等性和客观性。竞技性健美操只适合于竞技运动员参加，不适宜大众群体，但竞技健美操可以吸引大众群体的关注，扩大竞技健美操的影响力。

3. 表演性健美操

表演性健美操，主要是指那些在各种节日、各种体育赛事以及一些庆典和宣传活动中进行的健美操活动。对表演性健美操来说，主要是通过表演来展示健美操的特点和活力，让观众感受到健美操愉悦身心、陶冶情操的功能，从而起到宣传和推广健美操的作用。

（二）根据练习形式分类

按照锻炼方式的差别，需要把健美操划分成徒手和器械两种健美操类型。

1. 徒手健美操

（1）有氧健身操

健美操的运动核心就是有氧健身操。也是大众最容易掌握的健美操种类。它主要是在音乐的伴奏下，在有氧状态下，以各种操的动作为基础，完成舞蹈、技巧、托举等动作组合而成的成套动作，以达到健身、健美和净化心灵目的的运动项目，比较受大众的欢迎。

（2）拉丁健美操

所谓拉丁健美操，是在融合了有氧健身操的基本动作的前提下，融合了拉丁舞蹈的动作和步伐，在激情、狂热的拉丁音乐中，展示自己的动作和身体，富有激情。

（3）爵士健美操

由原本热情、奔放的爵士舞，吸收芭蕾、现代舞、拉丁舞等有氧舞蹈元素和技巧改编而成的。主要以推送胯部、扭腰、身体呈波浪形扭动为主。

（4）搏击健美操

搏击健美操是由欧洲的搏击选手和职业健身操运动员推出的，集合了拳击、跆拳道、散打、太极等搏击运动的基本动作，配合强劲的音乐，成为一种风格独特的健美操。

2. 器械健美操

（1）哑铃操

哑铃操是在徒手健美操的基础上，手持哑铃进行身体练习的一种练习方式。对肌肉的力量、关节的柔韧性、灵活性等具有一定的增强作用。

（2）健身球操

健身球操主要是利用健身球的不稳定性，通过持球或在球上做动作，来锻炼人的平衡性、柔韧性等素质，可以塑造人的形体，形成一定的曲线美。

（3）橡皮筋操

橡皮筋操是在橡皮筋弹力的帮助下，利用橡皮筋的拉伸和反弹动作来进行锻炼，有助于改变人的外形，最大的特点是简便易行，可在任何场所进行。

（4）踏板操

踏板操是利用一块高度可调整的踏板进行的时尚有氧运动，通过上下运动，完成在踏板上的各种动作，从而增强人的心肺功能和协调性。

（5）垫上操

垫上操是人体在垫上进行的各种形式的健身操，由于是在垫上进行，最大限度地减少了人体重量对关节的压力，有目的的让身体每个部位的肌肉得到专业性的锻炼，提升了肌肉的韧度和力道。

二、健美操运动的特点

（一）健身健美操的特点

1. 广泛的适用性

健身健美操的形式多样，年纪不一样、性别不一样、身体条件不一样的人皆能进行这项运动，全可以在健身健美操的运动中寻找快乐，并强健身心。此外，健美操锻炼对场地和器材的要求不高，适合在不同地区，在不同人群中开展。从我国正在火热进行的全国健身操舞大赛就可以看出，健美操具有广泛的适用性。

2. 较强的节奏性

有节奏的活动能使人身体的协调达到最适宜的程度。音律的不同、节奏的不同，不同的变幻，让健身健美操的律动感更加强烈。健身健美操的节奏感和韵律感都非常明显，动感强烈，旋律清晰，活动轻快，情绪激奋，能够振奋练习者的精神，使人产生跃跃欲试的动感。练习者喜欢健美操的原因，大部分是因为健美操带来的节奏感和韵律感上的体验。因此，节奏性是健美操最大的特点。

3. 全面的协调性

健身健美操最大的特点就是其对全身各个身体部位的健身价值都很大，具有较高的协调性。在做健美操时，需要动用全身的肌肉，需要身体各个部位协调配合，进而加强训练者身体的全面协调性能。

（二）竞技健美操的特点

竞技健美操不但拥有健身健美操的一般特点之外，还具有自身特有的属性。竞技健美操的能量来源是有氧和无氧两种代谢方式交换进行，不过主要还是通过无氧代谢来进行的，它具有运动强度大，运动时间短，技术复杂等特点，且追求动作的全面性、准确性、艺术性和创新性，强调合理流畅的编排。所以，对于竞技健美操来说，人体的机能情况、技术水平、心理状态等方面都需要具备超高的水准。

1. 较高的技能性

竞技健美操的成套动作必须在1分40秒至1分50秒内，向裁判和观众展示复杂的动作组合，并要求所有动作高质量地完成。因此，需要健美操运动员具有超高的技能。高难度是当今竞技健美操发展的趋势，此外，健美操比赛里，评价运动员竞技能力的标准是，完成动作的难易程度、创新程度、稳固性和美观性等元素。运动员必须处处展现为"强健、有力、优美"的运动优势，所以，健美操运动拥有超强的技能属性。

2. 动作编排的创新性

竞技健美操的编排必须具备正规性、连贯性、和鉴赏性质。在动作设计上要求多样化。健美操除了有自身的动作特征之外，并且吸取了不同的运动属性和风格，在现有的动作上进行了改进、加强和精化，让它拥有健美操的运动属性。通过动作组合形式的变换，不断创新，形成丰富多彩的新动作。随着健美操运动的不断向前发展，在原有技术动作的基础上创编出了许多独特新颖的全新动作，变成健美操运动持续进展的力量来源，同时更是健美操动作的魅力所在。

3. 显著的审美性

竞技健美操将各种因素融合在一起，包括体操、舞蹈和音乐，这样可以让人体的动作完成更加出色完美，并将体育与艺术高度结合的运动项目，故表现出高度的审美性。而且，健美操动作的协调、流畅以及与音乐的完美结合，使练习者在不断提高身体素质的同时得到"美"的享受和艺术的熏陶。竞技健美操追求造型美，动作优美、流畅、正确、标准，而且含有各种美态，保护动作美、形体美、韵律美和服装美以及神态美。健美操运动可使人体匀称协调地发展，培养出健美的体形。体态美是健美操给人特有的感受。所以，"将人的身体作为运动核心，使用自身的能力将自身看成运动自身，进行对自身的改进"，单从这一点，就可以将健身健美操和其它运动项目的特点区别开来。竞技健美操既注意外在美的锻炼，又强调内在美的培养，人的身体之所以会发生各种动作，都是受自身意识的支配而产生的，因此人体可以在动作当中展现出不同的内在美，包括人的意识、品格、气质和操守等。所以说，竞技健美操具备明显的审美特性。

第三节 健美操运动的功能及价值

一、健美操运动的功能

（一）增进健康美功能

健康美在现代社会中，是主动向上的现代观念和健康观念，保持这样的健康美可以合理展现它的机能的正常状态。

拥有健康美姿态的人，身体素质有很多种特性，包括心肺的超强耐力、肌肉强大力度、坚韧性、敏捷性和柔软性等。对于心肺耐力来说，它可以让心脏和循环体系进行正常的运转，把身体需要的各种营养素、氧气和生理性物质传输给身体内部各项组织和器官，同时还会将代谢物排掉，在人体各相关机能中展现应有的能力。肌肉的力量得到提升，不但可以让身体更加强健，还可以让身体拥有巨大的运动水平。肌肉和关节的活动能力如何，取决于机体的柔韧程度和敏捷程度，良好的柔韧性和灵敏性，可以有效降低肌肉和附着组织的后退和老化速度，让身体活动速度更快、变化速度更快，同时更加有活力。身体平衡性与协调性的发展使机体运动与工作的能力更加轻松自如，沉着应对，增进健康，从容自信。

（二）塑造形体美功能

形体，顾名思义，就是体形和体态的综合。体态也可做姿态来解释，在人们日常的行为举止中展现出来，会在后天条件中加以改善，有所改变。体形指的是身体外部形态，尽管利用体育训练能够有效改善人的外部形态，可以也会受到体内遗传因子的约束和影响。

人体形态好，会让整个人都看起来有气质，有风度。在健美操训练中，对姿态的标准与平时我们强调的优美姿态标准是一样的。所以，长久的健美操锻炼可以让肌肉、骨骼和关节得到协调标准的发展。同时可以有效改进不雅的身体形态，让形态更加美观、优雅，之后可在平时生活中展现出不凡的气质和风度，让人有活力、有动力，更加健康有气势。

进行健美操训练还能够消除体内和体表多余的脂肪，让体型更加健美。经过力量的集中训练以后，能让骨骼健壮、肌肉围度加宽，进而让体形更加完美，让人的身形更加匀称健康。

（三）缓解精神压力，娱乐身心功能

人类的社会不断进步和发展，人们在使用高科技产品，享受高品质生活的时候，也要承受各种各样的生活压力。调查表明，压力存在的时间越长久，心理疾病发生的几率就越大，并且很多心理疾病还会引发相应的身体疾病。经过调查证明：适度的体育活动能够减轻心理压力，避免不同疾病的发生。健美操不仅仅是普通的体育项目，它还具备观赏性，娱乐性和健身性质。而且，运动同时伴有音乐的配合，可以有效的减轻心理压力，让心情得到放松。在轻松活泼的氛围中，健美操锻炼者可以转移对烦心事的注意力，不再去想不开心的事情，让自己的身体和心理都得到双重的放松，感受健美操的快乐，让心理得到片刻的轻松，同时更具备动力和积极向上的心理状态。

同时，健美操运动可以加强人们相互间的交流和沟通。当今社会，不管是国内还是国外，人们主要的健身地点，都集中在健身房。训练时，有专业的老师进行指导和指引。健美操训练者身份各不相同，不同身份的人在一起做运动，对于人际交往来讲，很有意义，可以将人的生活和工作统一起来，改善单一乏味的生活内容。能够碰到和了解更多的人，增长见识，进而打开了更广的生活空间。所有的人同时跳跃和锻炼，相互支持和努力，一起感受健美操的快乐，很多人在锻炼的同时成为了一生的友人。所以，健美操训练不但可以加强体魄，还可以给训练者带来快乐，可以让

人在训练的同时感受到精神上的愉悦，让训练者在精神上更加积极向上，完善训练者的情操。

（四）医疗保健功能

因为健美操属于有氧项目，所以它具有低强度、大密度的特性，运动量的大小可以自如进行掌控，所以，锻炼健美操，不但可以让健康的人更加健康，还可以让老弱伤残病弱者，得到医疗保健的效果。如果下肢瘫痪的人进行健美操运动，可以选择地上和水中这两种健美操形式，这样不但可以增强上体的功能，还可以加速下肢功能的恢复速度。锻炼健美操的时候，如果对运动范围和运动量进行了合理的控制，就可以在对伤患进行预防和治疗的同时，产生医疗保健的效果。

二、健美操运动的价值

（一）健美操运动的生理价值

1. 提高心血管系统机能水平

持续进行健美操运动能使心肌肌红蛋白的含量增加，组织代谢加强，供血量增加，使心肌纤维变粗，搏动有力。由于心壁增厚，心腔增大，心脏收缩力提高，心容量增大。正常人的心容量为765毫升—785毫升，而经常参加健美操运动的人，其心容量可达到1015毫升—1027毫升，每搏输出量和每分输出量也都有增加。参加健美操运动还可以增强血管壁的弹性，使血液流通的外周阻力减小。安静时，收缩压可降低到85毫升—105毫米汞柱，舒张压可降低到40毫升—60毫米汞柱。并且，进行健美操运动的人，肌肉活动状况都非常好，收缩力度都很大，收缩和放松之间的相互转换具备节奏感和规律性，良好的收缩状态能加快静脉血液的回流速度，增加回流数量。总之，参加健美操运动能够提升心血管体系的机能能力。

2. 促进呼吸系统水平的提高

进行健美操运动过程中，肌肉会进行较为剧烈的运动，使得机体对氧气进行加速消耗，并且在组织内形成多数的二氧化碳，促进呼吸体系快速大量的工作，进而满足机体活动的需要。所以人体呼吸频率变快，呼吸次数增多，呼吸程度更深，胸廓活动幅度更大。并且，伴随着运动者在健美操运动中对氧气的需求量逐渐增多，肺泡也需要尽量的投入到和气体的交换活动当中去，对于肺泡的成长和弹性的发展来讲，非常有利。进行健美操锻炼的次数越多，胸围越发宽阔，常常要比相同年纪的人大4厘米左右。并且伴随健美操运动的逐渐加强，机体的呼吸深度会越来越大，这会慢慢减少呼吸的频率，同时随着呼吸肌的力量慢慢加大，肺泡的弹性逐渐加强，肺活量和通气量标准也会随着扩增。也就是说，健美操运动能够提升呼吸体系的进展能力。

3. 促进神经系统的改善

对健美操进行长久的锻炼可以让大脑皮层神经细胞的耐受性得到大力的提升，可以提升机体神经体系的应变技能和灵敏特性。健美操动作中，运动员全部动作的力度、速度、韧性和平衡性，都离不开大脑终身神经体系的指引和分配。对健美操运动进行锻炼，能够增强参与者中枢神经系统的兴奋性，调整神经传送经过中的敏捷性，提升大脑皮层激动和压抑的变换水平。在对健美操运动进行锻炼的时候，需要神经体系可以快速调动和调整每个器官和每个体系的机能，让各项机能的发挥都能满足肌肉活动的需求。健美操的训练环境是公开式的，同时配合音乐的节奏，可以让体内的应激能力得到锻炼，并且增强神经体系的激动和压抑情绪的的相互转换能力。神经体系可以让身体的每项机能的调整水平都得到适度的提升，还可以提升人体的应变能力和敏捷运动的能力，让人体的动作可以越发体现出平衡性和正确性。

4. 促进机体的生长发育

长期坚持进行健美操运动能够帮助学生塑造出健美的体形，还可以矫正身体的畸形发展。肌肉的健美是反映人体体形、体态美的重要因素。健美操运动中包含的所有动作，都具备不一样的负荷，它们分别对肌肉进行有针对性的、有规划性的刺激，这些动作可以给身体带来成长上的推动作用，加速骨胳生长速度，提升肌肉的发展速度。科学正规的健美操训练，可以将天生的优势展现出来，还可以弥补天生俱来的缺陷，使体形达到匀称、健美，使体态变得端庄、大方、优美。

此外，由于健美操的很多动作方式，全部按照人体生理构造的特征而设置，所以对其进行锻炼能够让身体得到康复治疗的效果。因此，对于一些有身体丑态或不足的青少年来说，皆可进行合适的体育项目锻炼，从而对身形和健康状况进行改善。健美操运动涵盖各种有利于身体健康的动作，所以，利用对健美操的锻炼，可以促进机体的正常生长发育。

（二）健美操运动的心理价值

1. 提高大脑的思维能力

频繁进行健美操运动的人，其大脑重量和大脑皮层的厚度都会增加，给智力的发展带来了非常雄厚的物质条件。并且健美操运动对于疲劳的消除很有效果，对于大脑的学习效率来说，具有间接的提升作用。长期在压力的作用下进行学习和工作，很容易让身体产生疲劳感，并让神经产生衰弱现象，通过健美操运动，可以让所有的中枢神经都进行适度的休息，从而使大脑重新焕发活力，增强其思维能力。

2. 增强人的意志品质

如果之前没有了解和学习过健美操运动，那么在对健美操进行锻炼之初，一定会碰到很多阻碍，比如动作不规范、不标准等，参与者要想学好健美操，必须咬紧牙关，努力克服各种困难，比如运动后的肌肉酸痛，练习时的不断失败等，这些都会磨炼人的意志品质。因此，参与健美操运动，并不断挑战自己的运动技能，可以增强人的意志品质。

3. 提高人的创造力

健美操运动，是一项需要一定创新能力的运动。在参与的过程中，要编排一些具有创新性的动作，才能吸引观众和裁判的眼球，才能取得优异的成绩。此外，在健美操的比赛中，也需要场上的随机应变和创新性发挥，才能提高自己的潜能，取得优异的成绩。

4. 增强人的自信心

通过长期练习健美操，可以使人形成形态优美，气质外漏的良好状态，从而提高了人的整体气质。这对于增强人的自信心，具有很大的帮助作用。特别是对于青年大学生来说，更是如此，健康阳光的外在形象，总会带来更多的关注目光，从而提高了自己的自尊心，增强了自信心。

（三）增强人的社会适应能力

1. 培养竞争意识和抗挫折能力

现代社会是竞争激烈的社会，人要想在这个社会上立足，必须具备强烈的竞争意识，具备一定的竞争能力。健美操比赛是竞争激烈的比赛，只要站在健美操的比赛场上，就必须用实力来说话。在比赛中，强者胜，弱者败，比赛比的就是双方的实际能力，比赛的结果也会显示运动员在锻炼时的努力程度和付出大小。用实力来证明输赢，这就是健美操想要给人们传达的信念之一。不管是哪种比赛，都应该依靠实力来表明。

所以，所有的健美操投入者都知道，比赛的结果如何，取决于参赛者的实际能力如何，想要拥有超强的能力，就要在平时的锻炼中多加努力才可以。任何比赛的结果，无非是输赢两种，对于输的一方来说，可以通过比赛，来锻炼他的抗压能力。健美操运动无论是长久的锻炼安排，还是每一阶段的锻炼课程，都以美好为标准，每次的锻炼结果也都包括了胜利的快乐和落败的失望。健美操运动还具有残酷的一面，因为尽管你在一次比赛中获取了胜利，但那只是代表了那一次，在之后的健美操道路上，还会碰到更多的挫折和困难，每一次尝试都是新的开始，胜利不代表结束，只代表开始。想要获取胜利的果实，首先要承受各种锻炼带来的感受。这种先经受挫折，再努力奋斗，最后获取成功，反复循环这一程序的过程，是每个成功者一直都在重复的内容，这一过程也体现了人生的整个阶段。因此，进行健美操活动，可以培养人的竞争意识和对抗挫折的能力。

2. 提高人际交往能力

第一，健美操运动能够提升人的交际水平，受到健美操运动的特性影响，每个投入者刚开始的时候，都离不开教练的传授和指示、同伴的相互帮助和自己的认真上进。所以，与教练和同伴的每一次沟通，比赛场上队友间的相互保护，训练场上的互相配合，都依靠持续的交流来进行。这样的交流不但含有直接性、即时性和正确性，并且属于主动性交流。因此，常常进行健美操的锻炼，对于人与人之间的交际能力的提升，很有帮助。

第二，健美操运动能够有效提升人们对身体语言的认知水平和应用水平。有效的身体语言能够合理的加强人们的交流活动的开展，同时人们的平时社交活动也必须依靠身体语言才可以进行下去。通过身体语言可以知道发出语言者的意图，还能够利用身体语言将自己的真实情感展现出来。如果对身体语言没有正确的认知和应用能力，那么我们不但会对他人的语言无动于衷，也会让他人得不到我们的回应，让彼此无法进行沟通。同时他人也不会在自己的身上感受到任何感情的传达，让人对自己产生误解，认为自己是个高傲冷漠的人。在健美操锻炼过程中，参与者应该利用丰富的肢体语言来让自身的艺术得到充分的展现。比方说，锻炼者将一些健美操动作赋予了美妙的词汇，比如"飞鸟"和"托举"等。这些都需要身体语言的准确表达，也需要队友间在身体语言方面的相互交流和认知。所以，健美操运动能够全面提升人和人之间的交往关系。

3. 培养团队协作精神

现代社会，分工更加精细化，每一项工作的完成，都需要团队间的紧密协作。因此，培养大学生的团队协作精神尤为必要。健美操运动的两人或团体项目，需要两个人或全体运动员的紧密协作和通力配合，才能完成规定的相关动作，在这个过程中，需要团队成员的共同努力，需要队员舍弃自身的一些东西，为达到团队的目标而努力，从而培养每个参与者的团队协作能力。

4. 提高人的审美能力

健美操运动是一项富有体形美、动感美、韵律美的运动项目，通过参加健美操运动，可以提高人欣赏美的能力。现代社会对人的综合素质要求越来越高，德智体美必须全面发展，而健美操运动是一项很好的美育教育手段，中小学和高校可以通过开展健美操运动，提高学生们的审美能力，成为一名全面发展的高素质人才。

5. 提高人的情商

现代社会不仅仅对人的智商进行了一定的要求，而且对情商也有一定的要求。情商的高低是一个人成功的重要因素，而通过参加健美操运动，可以磨炼人的意志，促进人形成良好的习惯，并形成良好的性格，这些都有助于提高人的情商，从而促进人的全面发展。

6. 促进形成良好的生活方式

随着现代社会的不断发展，人们的物质生活已经得到了很大的满足，由此也带来了一些不健康的生活方式，给人们的健康带来了一些危害。而参与运动，可以促进人们形成良好的生活方式，促进身心健康。健美操运动，作为一项深受大众喜欢的运动项目，很自然地充当了这个角色。健美操运动能够促使人们工作和生活中产生的疲劳感有所减轻。健美操运动用他特殊的实践性质，利用肢体的动作来消除神经体系的疲劳感，让精神压力有所减少。健美操活动过程中，运动者的身心都会受到影响，有所改进，并且会学习到多种类型的运动方式，在他们的日常生活和工作中，会正确、标准、快速的做出该有的身体动作，不会产生过多的无用动作。健美操不但可以让人体的神经体系得到锻炼，还可以让人体的心血管体系和呼吸体系都得到提升，提升了人体在快速发展的社会中，对快节奏生活的适应能力和应对能力。减少人们在快速发展的社会当中，出现的厌烦心理、害怕心理和恐慌心理。减少身心慌乱的现象发生。并且，健美操运动充实了人们的休闲娱乐时间，人们利用空闲时间，锻炼健美操运动，能够让身体的疲劳感得到消除，让人们将有更多的精力，进行工作和学习。健美操运动可以使人们形成健康的生活方式，促进人们主动向上，努力生活。

总而言之，健美操运动能够加强人们之间的交往能力，增强人们对社会活动的投入程度，让人们可以更加主动的在社会当中健康的生活下去。

第二章　健美操运动基本动作研究

在健身的众多类型里面，健美操不但场地选择范围广、年纪幅度大，并且不受气候环境的束缚，动作简单、节奏轻快，受到人们的广泛喜爱，不但能够健身，还具备娱乐性质。想要学好健美操运动，就要对它的基本动作进行认知和掌控。

第一节　健美操基本动作特点与作用

健美操运动发生的前提是对健美操基本动作有所掌握，基本动作是健美操运动诸多元素之一，是最基础的。因此，所有的组合动作，必须在基本动作的基础上发展和演变起来。健美操的基本动作简便易学，是健美操初学者的必修课。

一、健美操基本动作的特点

（一）健美操最典型、最核心的部分

所有健美操动作的变化和创新都是在基本动作的基础上产生和发展的，身体某个部位的基本动作具有各部位的共同特征，最具有代表性和典型性。

（二）内容丰富，动作相对比较简单

锻炼者容易锻炼和使用健美操的基础动作是从传统的器械健身演变而来，并融入了安全、艺术、实用等其他因素，逐渐形成了具有自身特点、风格的一套动作，其基本动作不仅丰富多样，而且易于使锻炼者熟练使用和提升锻炼成果。

（三）健美操动作中最重要、最稳定的部分

健美操基础动作不仅代表了健美操醒目的特点，而且是健美操基本的组成部分，在基本动作的基础上不断地加以变形、组合，加以节奏、路线、方向等变化为动感、流畅、优美的不同的动作组合，所以健美操基础动作使健美操动作最关键和最坚固的元素。

二、健美操基本动作的作用

第一，利用对健美操基础动作的锻炼，可以让锻炼者的身体姿态得到更好的改善效果。良好的身体姿态是健美操练习者精神面貌和扎实功底的表现。

第二，对健美操的基础动作了如指掌，能够让健美操锻炼者更加迅速、更加有效的了解和掌握组合动作和整套动作。健美操组合动作的前提是对健美操基础动作的了解，只有对基本动作了如指掌，练习者才能更好地理解组合，以便更好地使用组合动作。

第三，利用对健美操基础动作的锻炼，健美操锻炼者能够更有效的体会发力。使用力道和控制力道的过程，让锻炼的效果达成的更好。

第四，对健美操基础动作的规格和节拍熟练掌握，了如指掌，可以让编排者创新出更好的动作组合。

可见，健美操基本动作具有非常重要的作用，因此，不管是健美操练

习者还是编排者,都要对健美操基本动作熟记于心。

第二节　健美操基本动作分类

一、竞技健美操基本步伐

竞技性健美操比赛套路始终保持了传统有氧操的特点,规则规定成套动作必须包括七种健美操步伐,但动作规格上稍有别于健身健美操,对关节和四肢的位置要求更高,在完成上强调正确地控制、协调、灵活、流畅的动作变化。

(一)踏步

腿屈于身前,髋与膝保持弹动;膝、踝关节放松,落地时脚尖圆滑地过渡到脚跟;上体表现出腰腹的控制力量保持自然的直立;整个过程感觉向上不下坠。

变化:包括角度、高度、方向的变化,如V字步、转体步等。

(二)后踢腿跑

上体保持正直,单腿屈膝向后。摆动腿的小腿,最大幅度的向臀部后屈;髋和膝在一条线上,脚面绷直表现出控制力,落地缓冲时脚尖滚动至脚跟着地。

变化:包括各种角度和方向的动作变形。

(三)吸腿跳

上体保持正直吸腿,摆动腿髋与膝最大程度的弯曲,关节角度不小于

90°，达到最高点时小腿垂直地面，脚尖绷直。

变化：包括各个空间、角度、高或低强度的动作变形。

（四）踢腿跳

屈髋做直腿高踢的动作，屈起腿在髋部前或侧运动，踢起腿的高度不低于肩，支撑腿伸直，动作过程中上体自然直立，脚面绷直。

变化：包括各个平面、高度、高或低强度与方向的动作变形，如中踢、高踢和垂直踢。

（五）开合跳

两腿跳起落地成开立，两脚分开的距离大于肩宽，两脚尖向外分开，膝关节在脚尖方向上弯屈。并腿时，足跟并拢，脚尖向前或外开。这个过程上保持自然直立，跳起动作控制有力，脚尖过渡至脚跟缓冲。

变化：包括各个角度的髋膝关节的高或低强度的动作变形。

（六）弓步跳

脚部由并拢或分开开始，跳起落地，一腿向后蹬直，一腿弯曲，前后成一条直线，低强度动作时，身体微前倾前腿负重，颈与足跟成一条直线；高强度时双腿前后交替跳动，重心在两脚之间。

变化：包括各个空间、角度、高或低强度的动作变形。

（七）弹踢腿

起始动作为髋部伸展的后踢腿跑，小腿后屈向下方踢腿。摆动腿表现出制动动作，整个过程表现出很好的控制。

变化：包括各个空间、角度、方向、高或低强度的动作变形。

二、健身健美操基本动作

当今社会，大众类健身操来说，基本动作有很多，也有引进其他项目的内容，都已经被长期使用并发展成健美操常用的基本动作。下面从步法、上肢动作、躯干动作、基本力量和伸展动作五部分进行归纳总结。

（一）基本步法

健身健美操的基础步法可以按照一定的标准进行划分，划分的标准是运动时身体对地面的冲击力度。通常可以分为如下几种步法。

1. 无冲击步法

这种步法指的是，双脚一直碰触地面，身体重心放在双脚中间，不出现腾空的动作。

（1）弹性：膝关节有弹性的屈伸。

（2）半蹲：两腿分开或并拢，屈膝。

（3）弓步：一腿向前（侧、后）迈步屈膝，另一条腿伸直。

（4）提踵：脚跟向上提起，然后还原。

（5）箭步蹲：一腿向前一步屈膝；另一腿屈膝，大腿垂直地面，脚跟向上；中心在两脚之间。

2. 低冲击步法

这种步法指的是，运动过程中，一直会有一只脚与地面碰触，按照步法的完成方式，可以划分为如下四种。

（1）踏步类：这项动作指的是，双脚轮流与地面接触的动作。

（2）迈步类：这项动作是指，一只脚往前迈，重心放在这只脚上面，另外一条腿做出点腿、抬腿和并腿的动作。

（3）点地类：一腿屈膝站立，另一腿伸出，用脚尖或脚跟点地后回复到并腿姿势。

（4）抬起类：一条腿做支撑力量，另外一条腿保持直腿或弯腿姿势往上抬高。

3. 高冲击步伐

这种步伐指的是有一个短暂性的时间，两只脚一起脱离地面的动作，做腾空状。

（1）迈步跳起类。分为以下四种方式。

①并步跳。这种跳法方式为：右脚为例子来说，右脚迈步的时候用力蹬地向上跳，左右脚合并，双脚在同一时间落于地面。完成要领：单脚起跳，双脚落地，空中保持身体姿态，落地屈膝缓冲。

②上步吸腿跳。这种跳法的方式是：右脚迈步的时候蹬地跳，左腿抬起，一只脚落在地面上。完成的要点是：一只脚跳，一只脚落，悬空的同时身体姿态不变，落地后弯腿，减缓冲击。

③开合跳。动作方法：4拍完成的动作。双脚并拢屈膝向上起跳，落地成开立，再向上起跳，两腿并拢还原。完成要领：双脚起跳，落地开立脚尖向外转开，脚尖膝盖同一方向，屈膝缓冲，空中保持身体状态。

④弓步跳。动作方法：单拍完成的动作。两腿并拢起跳，落地后双腿前后呈弓步，或者侧身呈弓步。动作完成的关键点为：两脚呈起跳姿势，双脚落地的同时，姿势保持在弓步状态。身体保持直立，前腿屈膝缓冲。

（2）单脚起跳类。分为以下三种。

①弹踢腿跳。这种跳法的方式为：在两个节拍的时间内完成。右腿抬高向前弯曲，左腿跳动的时候把右腿膝盖甚至往相应的方向踢出去，之后右脚落回地面，左腿往后弯曲，一组动作完成后，进行反方向的下一组动作。完成要领：弹腿时，大腿先发力，小腿再弹出，有控制向前下方延伸。

②后踢腿跑。动作方法：两脚经过腾空后，一脚落地，另一腿后屈膝，反方向重复。完成要领：单脚起跳，单脚落地，屈膝缓冲，保持身体直立状态。

③小马跳。动作方法：2拍完成的动作。右脚抬起，左脚蹬地脱离地面之后，往后侧跳跃小幅度步伐，两只脚轮流落回地面，并且双腿轮流小

跳，一直坚持到右脚站立，左脚脚尖落地为止。完成要领：单脚起跳，依次落地。交换腿动作，脚踝弹动缓冲，保持身体直立姿态。

（二）上肢动作

上肢动作包括基本手型和常用的上肢动作。它既能使动作变化多样，又能改变动作的强度和难度，提高观赏价值。常用的上肢动作有以下几种。

（1）屈：关节角度减小，如肘关节屈、肱二头肌收缩。

（2）伸：关节角度增大，如肘关节伸、肱二头肌收缩。

（3）上提：屈臂或直臂的由下举提至胸前或体侧、三角肌收缩。

（4）下拉：屈臂或直臂的由上举或侧举拉至胸前或体侧。

（5）摆动：以肩关节为轴，屈臂（直臂）在180°的同时或依次运动。

（6）屈臂摆动：屈肘在体侧自然地摆动，可同时摆动或可一次摆动。

（7）冲拳：屈臂握拳由腰间同时或依次冲至某位置。

（8）推：手掌由肩侧同时或依次冲至某位置。

（9）振：肩、胸、肘关节小幅度快速做振臂式的屈伸。

（10）绕和绕环：以肩关节为轴，手臂180°至360°之间的运动为绕；大于360°以上的动作为绕环。

（11）交叉：两臂重叠成X型。

（三）躯干动作

在健美操练习中，躯干部位通常起到稳定身体的作用，因此肌肉力量的平衡尤为重要。发展躯干肌肉的方法有很多，可徒手、使用轻器械或固定器械。下面只介绍两种发展躯干肌肉的基本动作和方法。

1. 头颈部

（1）屈：头颈关节角度的弯曲，包括前屈、左屈、右屈。

（2）转：头颈部绕身体的垂直轴的转动，包括左转、右转。

（3）绕：头以颈部为轴心的弧形运动，包括左绕、右绕。

2. 腰腹部位

（1）腰屈：髋部不动，上提前屈或后屈。
（2）屈髋：上肢不动，髋向前或侧屈。
（3）转腰：下肢不动，上体沿垂直轴的扭转。

三、健美操基本动作教学及注意事项

（一）科学合理

第一，要从意识上认清基本动作的重要性，在平时的锻炼中，和实际的实践中，对基本动作多加训练。第二，内容布置要正规、有效的安排。基本动作的学习要依序进行，先从单一动作开始，慢慢过渡到组合动作。从原地不动的训练方式，过渡到位置不断移动的训练方式，从大肌群的锻炼，慢慢过渡到小肌群的锻炼。第三，动作组合的创立要有效，合理，连贯，要符合运动的惯性。

（二）全面系统

健美操基本动作涵盖了身体每个关键位置和关键肌群的锻炼，在实践当中，应对各个部位的基础动作都进行努力认真的锻炼，对身体进行综合锻炼。另外，锻炼的范围要不断拓展。并且需增强基础动作的规格标准，增加肌肉掌控的需求，让锻炼效果更加显著。

（三）趣味多样

基本动作是健美操动作的基础，不具有娱乐性质，所以在锻炼经过中应该注重动作自身和组合动作选取上的完美设置，加强动作锻炼的娱乐性质，提升锻炼者锻炼的欲望，让锻炼越发有成效。

第三节　健美操常用基本难度与技巧动作

一、A组：动力性力量

该组包含的根命名组有以下五种。

（一）俯卧撑组

起止动作：一只手或者是两只手支撑在地面，将肘关节伸直。肩部与地面平行，保持平直状态。头部保持在脊椎的延长线部位。

弯曲或者是伸直肘部的动作：进行俯卧撑动作，俯卧到最低处，胸部和地面的间距不能大于10厘米。

俯卧撑的撑起和下落一定要有所控制，双肩一定要和地面维持平行状态。

文森俯卧撑：架起腿必须搭在同侧手臂（肱三头肌）上方。

（二）俯卧撑腾起组

俯卧撑腾起：俯卧撑姿势撑起的时候，手和脚不管是离开地面还是接触地面，都要在同一时间发生。

提臀腾起：在空中展示屈体姿态。（躯干和双腿夹角60°）。

分切：腾空过程中，双腿分腿摆越，前穿至仰撑，整个动作过程中，两脚离地。

分切转体：双手推起身体上升至腾空——分切——转体180°——以俯撑/文森姿态结束。

（三）支撑腾起组

以锐角支撑为开始姿势，腾空，落地时以俯撑或劈腿姿态结束。

锐角支撑，反切：双手反撑地面，背部与地面平行。腾空时间向上方打腿伸展。

（四）旋腿组

双臂往前撑的时候，这个动作的姿势就产生了；动作的整个过程中，身体要保持伸展挺髋的状态，双脚必须在旋转动作完成以前才能接触地面。

托马斯：双腿分开，动作的整个过程当中，身体要维持展体挺髋的状态。双脚一定要在动作完成以后才可以接触地面。

（五）直升飞机组

两腿紧贴胸前，做全面旋转动作，身体上背部落地，两腿往前方伸直展开，身体旋转180°之后，两脚与地面接触，做俯撑动作。

二、B组：静力性力量

该组难度动作需要注意的事项有以下几点。

（1）该类动作展示静力性力量，每个动作完成以后要暂停两秒钟。

（2）不管是在这个动作的任何环节，支撑的全部过程都一定要维持两秒钟。

（3）手部承载了身体的全部重心力量，全身可以接触地面的部位只有两只手可以；全部的技术当中，屁股和脚部都不能与地面有碰触。

（4）手部支撑地面的时候，双手一定要摊开，全面接触地面。

该组动作包含的根命名组有以下几种。

（一）支撑组

分腿支撑：躯髋分腿（最小角度90°），双腿垂直于地面。
直角支撑：两条腿保持伸展状态，和地面保持平行状态。

（二）锐角支撑组

分腿高直角支撑：将两腿分开，弯曲髋部，角度维持在90°，两腿和地面保持角度为90°。
高直角支撑：两腿并立，弯曲髋部，两腿紧并，和地面呈90°角状态。
锐角支撑：身体背部保持和地面平行的状态。

（三）水平支撑组

文森支撑：将身体伸直，和地面保持保持平行状态，抬起一条腿，抬置相同一侧的肱三头肌的上面部位。
肘撑：将身体保持在平直状态，和地面保持平行状态。
水平支撑：双手两手手臂伸直，承载住身体重心，身体和地面的角度不能高于20°。

三、C组：跳与跃

该组难度动作包含的根命名组有以下几种。
（1）直体跳组：空转，自由倒地。
（2）水平跳组：塔玛诺、给纳。
（3）屈腿跳组：团身体、科萨克。
（4）剪踢组：剪踢。
（5）水平旋组：水平旋。

（6）旋子：旋子。

改组难度动作需要注意的事项有以下几点。

（1）该组所有难度动作必须最大限度地展示爆发力和最大的动作幅度。

（2）起跳前，头、肩、胸、臀、膝盖和脚必须在一条直线上。

（3）身体和腿必须保持紧张，伸直，并与头和脊柱成一直线。

（4）身体在空中的形态必须清晰可辨。

（5）以单脚或双脚落地时，腿又从屈膝到伸直的缓冲。

（6）腾空成俯撑落地时，手和脚必须以有控制的方式同时落地。

（7）以劈叉姿势落地时，手可触地。

（一）落地姿态

成俯撑：支撑手和脚必须同时落地。

成文森：支撑手和脚必须同时落地，主动腿需在同侧手臂三角肌上方。

成纵劈腿：在空中分腿，落地时双手落于身体两侧。

成横劈腿：在空中分腿，落地时双手落于身体前侧。

（二）身体空中描述

垂直：空转、自由倒地。

垂直至水平：给纳。

平行：塔玛诺。

团身：双腿收紧团起。

横劈腿：双腿充分左右分开成180°横劈腿，上体直立。

四、D组：平衡与柔韧

所有动作技术都必须展现正确的身体姿态。这套动作包含的根命名组有以下几种。

（一）劈腿组

腿必须伸直成一直线，角度保持在180°。

（二）转体组

整个动作利用脚的力量进行转体的时候，转体角度一定要完整。整个转体经过中，脚后跟和地面不能有任何碰触。

（三）依柳辛组

依柳辛开始位置：身体的所有部位都要维持在相同的方向。整个动作的施展当中，两腿要分开，分开角度保持在180°。

以下动作由单臂或双臂、手、肘，或者单脚或双脚完成：①侧手翻；②毽子；③前手翻；④头手翻；⑤前软翻；⑥后软翻；⑦空翻（360°—向前、后、侧）。竞技健美操中技巧动作从①到⑦一个成套只能出现2次，而且不能出现技巧连接，⑦空翻不可转体。

根据健美操中的技巧动作类型，可将技巧动作分为倒立类、滚翻类、手翻类、软翻类、空翻类、打起类。倒立类是经过垂直倒立后完成的动作，如倒立前滚翻、开普倒立下等；滚翻类是经过后背触底滚动完成的动作，如前滚翻、后滚翻、侧滚翻等；手翻类是由手肘支撑完成的动作，如前手翻、后手翻、侧手翻等；软翻类由手肘支撑完成的动作，如前软翻、后软翻等；空翻类由单脚或双脚到腾空后降落完成的动作，如前空翻、后空翻、侧空翻等；打起类是由上身与下身经过折叠后再次打开完成的动作，如叠筋起等。

第三章　健美操运动理论教学创新研究

体育教学的内容有很多种，其中健美操是比较重要的一项内容。健美操运动的完成，离不开学生的主动投入和科学的指引，根据锻炼计划和教学方案的标准，教师的责任是传递给学生相关的健美操理论和技术知识，让学生的技能得到提升，进而全面发展学生的身体素质。这个经过里，学生的身体和心理都可以得到良好的发展环境，并且提升学生对美的鉴赏能力，可以帮助学生更好的发展道德品格素质。所以在健美操教学的整个过程中，要按照体育教学的相关规则和制度来进行，在融入健美操教学优势的前提下，使用效果显著的教学方式和途径，不断改进教学经过，达到教学目标。

第一节　健美操教学原则

教学原则是长期教学实践经验的总结和概括，是教学客观规律的反映，是进行体育教学工作必须遵循的基本要求，是参与体育教学的师生双方共同遵守的行为准则。随着现代教育的不断发展，教学原则也在不断地补充和完善。因此，健美操教学原则的贯彻和运用既要根据项目的特点，又要符合现代教育发展的要求。

健美操教学中贯彻的原则主要有：主导性与主体性原则、直观与思维相结合的原则、循序渐进原则、巩固提高原则、兴趣性原则、身心全面发展原则。

一、主导性与主体性原则

（一）主导性与主体性原则的内容

主导性与主体性原则是指在健美操教学过程中，教师起主导作用。在自我教育和发展过程中，学生是主体，教师外在的影响和要求只有通过学生个体的内化才能转化为自觉的行动。教师应根据学生主体的需要和特点来安排教学任务、教学内容、教学方法，学生应在教师的指导下积极主动地参与教学活动，充分发挥学生的自觉性、独立性和创造性。

（二）贯彻主导性与主体性原则的基本要求

1. 树立教师主导与学生主体的教学观

对教师而言，要做到尊重、关心学生；对学生来说，要做到尊敬、信任教师。双方共同努力，建立起尊师爱生、民主平等、教学相长的新型师生关系。

2. 自觉提高业务水平

教师要精通业务、不断创新，自觉提高自身的知识技能和职业道德，做到既教书又育人。在调动学生主动性时，教师要根据具体情况，合理安排健美操教学的内容和方法，努力在教学对象与教学内容之间寻找最佳结合点。并为学生提供展示自己知识、能力、才华的机会，使每一位学生都体验到成就感。

3. 营造良好主体氛围

教师要引导学生学会学习，掌握正确的健美操学习方法。通过一系列的教学实践、动作创编及竞赛组织等活动，为学生提供运用所学知识的机会，使他们把被动接受的"要我学"转变为主动进取的"我要学"，培养他们独立思考的能力和创新精神。

二、直观与思维相结合的原则

（一）直观与思维相结合原则的内容

教师通过直观手段使学生形成对健美操运动过程的生动表象，丰富他们感性认识的同时引导他们利用理性思维对学习内容进行分析、综合，从而使学生掌握健美操的知识、技术和技能。常用的直观手段包括生动形象的语言、动作示范、图解、录像、多媒体等。

（二）贯彻直观与思维相结合原则的基本要求

1. 灵活运用直观教具与手段

教师要借助于多种教学媒介和现代化教学手段，如通过电视直播、录像、网络视频等方式让学生观看教学纪录片、训练实录、高水平的比赛或表演，使学生获得直观印象。在教学环境允许的情况下，教师可组织学生现场观摩教学、训练、比赛或表演，使学生通过实际接触来加深对所学内容的理解和领悟。

2. 讲解与示范密切结合

在健美操教学中，教师通过生动的讲解和直观的演示，指导学生进行观察，并引导他们对直观教材进行比较、分析、综合、概括，促使学生学会主动思考，逐步掌握健美操的本质和规律。

3. 注重实际练习

学生通过视觉和听觉接受直观教学信息，感知动作的形象和结构，逐步形成正确的动作表象,提高教学质量和教学效果。

4. 正确处理直观、思维与练习的关系

直观、思维与练习三者是互相联系的整体,是贯彻直观与思维相结合原则的有机环节,缺一不可。直观是前提,思维是核心,练习是关键。

三、循序渐进原则

(一)循序渐进原则的内容

循序渐进原则是指在健美操教学中,教学内容、方法、过程、运动负荷、练习难度的安排都应符合系统性和连贯性的要求,以及学生的身心特征,由浅入深、由小到大、由简到繁地使学生系统全面地掌握基础理论知识,逐步提高和发展运动技术和技能。

(二)贯彻循序渐进原则的基本要求

1. 遵循教材内容的系统性、科学性、渐进性

教师在安排健美操教材内容时,应由单个动作、组合动作到成套动作,由初级套路、中级套路到高级套路,从基本动作到难度动作。注重动作间的前后衔接,逐步提高,不断扩大教材的广度和深度,保证教学的顺利进行。

2. 教学方法由易到难

对教学方式进行选取之时,教师一定要按照教材的深度和学生的能力来进行分配,使用不同的教学方式和手段,传授教学内容,教学过程要慢慢过渡,由简到难,从浅到深,让学生慢慢的,渐渐的对相关理论和技能进行掌握和应用。

3. 合理安排运动负荷

教师要有节奏地逐步提高运动负荷。运动负荷是学生做练习时，身体所承受的运动量和运动强度，主要与运动时间、动作数量等因素有关。教师应根据人体机能活动能力的变化规律和适应性规律，结合健美操教学的任务、内容和学生特点，由小到大、逐步提高和适时调整地安排运动负荷。

四、巩固与提高原则

（一）巩固与提高原则的内容

巩固与提高原则是指在健美操教学过程中，教师根据遗忘规律和条件反射建立与消退理论，引导学生牢牢地掌握健美操的各项知识和技能，同时可以在实际应用中掌握的更加娴熟，一定要让动作和技能牢牢扎根于大脑皮层里面，同时要持续加强和提升。

（二）贯彻巩固与提高原则的基本要求

1. 保证充足的练习时间

每个动作必须有足够的练习时间，并按照正确的动作要领进行练习，使规范的技术在练习中得到重复，从而在大脑皮层建立起牢固的动力定型。

2. 及时调整练习方式，巩固动作技能

健美操动作在实际应用中不是一成不变的，要使运动技能在千变万化的组合成套动作中稳定的表现出来，就必须变换练习方式，通过改变动作的开始、结束姿势，改变动作的速度、节奏和连接技术，逐步加大练习的

难度和要求，使已获得的运动技能适应各种条件的变化，最终达到运用自如的地步。

3. 抓好复习环节，提高动作熟练性

学生掌握了动作技术后，还应通过复习来提高练习的效果，这是巩固知识和技能的一个重要环节。在课堂教学的基础上，教师通过布置课外作业，使课外练习成为课堂的延续，或者通过考核、表演或教学比赛等形式，促使学生对已学过的健美操动作进行系统复习，提高熟练性。

五、兴趣性原则

（一）兴趣性原则的内容

兴趣性原则是指在健美操教学过程中，教师着力于引发和培养学生学习健美操的兴趣。学生对健美操学习产生了兴趣，这种驱动就会成为学生学习的动力源泉。教师在教学实践中有意识地对学生学习健美操的兴趣进行强化，使这种动力在健美操教学过程中保持终身。

（二）贯彻兴趣性原则的基本要求

1. 发挥健美操项目的特点

音乐是健美操的灵魂，教师在健美操教学中应充分结合健美操的特点，将不同意境风格和节奏节拍的音乐融入到不同动作内涵中，赋予健美操不同的魅力效果，以激发学生对健美操学习的兴趣。

2. 精心设计教学

教师应广泛掌握健美操运动的多种素材，了解学生的学习目的，并在此基础上针对个体的不同兴趣来选择和安排多样化的健美操教学内容和教

学方法，引导学生的学习兴趣朝正确的方向发展。在教学中要善于捕捉时机，因势利导，对学生的学习兴趣进行积极强化。

3. 不断增强学生的荣誉感和成就感

教师在教学过程中应不断肯定学生的学习成果，对学生的练习情况要及时给予表扬，增强学生在学习方面的荣誉感。同时，还要主动为学生搭建展示平台，通过让学生领操、做示范等方法，提高学生的自信心，激发学生的成就感，使他们以更积极的心态去追求知识。

六、身心全面发展原则

（一）身心全面发展原则的内容

身心全面发展原则是指在健美操教学中，教师不仅要注重传授技术技能、改善身体素质、让身体更健康，体形更完美，并且要重点锻炼学生的坚韧品格和健康的审美情趣，让学生在热情奔放的动作与强烈的节奏感中愉悦身心、缓解压力，时刻保持健康向上的精神状态。

（二）贯彻身心全面发展原则的基本要求

1. 打破以知识为主的教学理念

教师在教学中，既要重视学生知识的掌握、能力的培养，又要充分开发德育、智育的多种价值。选择多样化的教学内容和教学方法。使学生在愉快的健美操学习中得到全面发展。

2. 审美教育贯穿始终

在健美操教学中。要将综合素质教育的内容融会贯通．特别要加强学生的审美素质教育。教学中无论是动作的创编，还是音乐的选择，都应符合美学规律和特点，使学生学会感受美、体验美、展现美。

3. 重视学习内容的全面性

学生在进行健美操学习时，要注意学习内容的全面性，避免单从兴趣出发，自己喜欢什么就学什么，形成单性发展。同时还应从自身健康成长与全面发展的需要出发，为今后的健美操学习打下坚实的基础。另外，教师在教学过程中应该注重学生的全方面培养，因材施教，扬长补短，促进学生身心的和谐发展。

4. 注重教学评价的多元性

在进行健美操教学评价时，教师和学生应从身心全面发展的多维角度去评价教与学的质量。

第二节 健美操教学方法与手段

一、健美操教学方法

教学方法的定义都是一样的，健美操中也不例外，它是指老师给学生讲解健美操相关理论、技术、技能，实现健美操教学任务和目的的方法、方式、形式的综合，这些方式方法中，涵盖了教师和学生两方面。在教学实践过程中。要想顺利实现教学目标，完成教学任务，教师必须选用适当的教学手段。

（一）健美操常用教学方法

健美操运动中基本都是用以下几种教学方式。

1. 讲解法

所谓讲解法，指的是老师使用简单明了、生动有趣的话语，给学生进行系统地传授健美操知识和运动技能的方法，是一种"有声"的示范。语言无处不在，因而讲解法是健美操教学中最普遍、最主要的一种教学方法。

（1）讲解法的主要形式有以下几种。①完整讲解：对单个动作或简单的组合动作，从动作开始到结束进行完整的讲述。如果是组合动作，还应讲解动作的连接方法、路线变化等。

②分解讲解：对复杂的单个动作、组合动作或成套动作，可按动作结构或按身体部位分别进行讲解。如在讲解动作时，先进行下肢动作的讲解，然后再进行上肢动作的讲解。

③重点讲解：根据课的任务、要求重点讲解单个动作的某一部位或某一环节；根据学生完成组合动作的情况，突出对某一动作或某几个动作进行讲解。

④正误对比讲解：将动作的正确要领与出现的技术错误进行比较讲解，使学生知道自己存在的问题，以达到纠正错误的目的。

（2）讲解法的教学技巧有以下几种。①讲解的时机：掌握好最佳的讲解时机，以加深学生对动作的理解，并及时纠正错误。当学生完成动作有进步时，教师应做出肯定的评价，但在学生练习过程中不宜过多的讲解。

②讲解的位置：讲解时教师所站的位置也十分重要，要考虑所有的学生都能听到，还要根据队形情况、动作结构，选择合理的位置，达到良好的视觉效果。尤其是与示范动作结合进行讲解时，要注意正确选取最佳的示范面对学生进行解析。

③讲解的步骤：需要按照对肢体进行讲解，在对脑部和身体的配合动作进行讲解，然后过渡到身体和眼睛及双手的配合动作的讲解。

（3）对讲解法进行使用的时候，应该着重关注如下几个方面。①有针对性的讲解：讲解的内容应该以教学的目的、标准、内容和学生碰到的难题等为中心，慢慢展开，有针对性和目的性的向学生解析。

②准确的解析：教师讲解的内容必须科学、准确，不但有道理，有根据，还要使用正规的专业教学用语。

③通俗简易的讲解：讲解的话语应该简单明了，容易理解，尽量做到话语少，意思精确，按照教学内容合理的运动比喻和口诀的方式来提起学习的兴趣。

④启发式的讲解：在教学过程中尽量用活泼有趣的话语激发学生的兴趣、打开学生的想象思路，让学生的五官整体的统一起来。

⑤艺术化的讲解：讲解的过程中，话语要标准，正确，清晰，有层次；要将内容生动有趣的表达出来，让学生投入到讲解内容中去。并且，合适的情感流露和声音语调都会让语言形成强大的艺术成效。

⑥讲解要有步骤，有动力性：所谓的语言节奏，指的是语言的音量、韵律根据相应的次序和时间间隔排列。鼓励性的话语可以加强学生的信心，让学生更加主动的自主学习。

2. 示范法

这种方法是指教练和学生用自己的全部动作作为教学的示范，对学生的各项动作进行指引和领导的锻炼方式。它可以让学生即刻感受动作的整个过程，在有限的时间里设立准确的动作定义，掌握动作的技术要点、完成顺序和连接方式等方面。因此，教师动作示范的质量影响着学生的学习效果。

（1）示范法的基本方式有如下几种。①整体和局部示范方式：将学到的所有动作，包括单个的或者是整套的动作，都整体示范一遍，让学生全面掌握整体动作内容，产生逼真的动作现象称作整体示范，通常在对简易的动作进行教授的时候使用。局部示范指的是在教学的不同环节，按照教学任务的要求，将整体动作或组合动作拆分开来，进行单个示范。例如组合动作的教学，先进行下肢部分的示范再对上肢部分的动作进行示范。

②错对比较示范：错对比较示范指的是将相同的动作分别做出准确和错误两种示范。这样可以及时让学生纠正错误动作，提高动作质量。

③着重示范：所谓重点示范，指的是针对动作的重要部分和关键部分，进行重点示范，进而增强学生对这个重要部分的掌握和认知。

④慢速示范：所谓慢速示范，指的是拖延动作的完成时间，减缓动作的进度，让学生清楚的认识动作和动作内部之间的关联，这样对于学生对动作的观看、了解和掌握具有很大的作用。例如进行弹踢腿的教学时，这一步伐对于初学者来说要求协调能力较高，教师应带领学生一起做，先进行慢速示范，逐步加快速度，这样学生能够循序渐进地掌握。

（2）示范法的教学技巧有以下几点。①示范点：示范点通常在学生队形的正前方，这个位置有利于每一位学生看到教师的示范动作，同时教师也同样可以观察到每一位学生的情况。但复杂组合中有90°和180°转身的动作设计时，示范点可以临时改换到学生队形的侧面或后面，以便学生观看到老师的示范。

②示范面：示范面是指学生观察示范的视角，主要包括镜面示范、正面示范、背面示范和侧面示范。

镜面示范：在示范动作时，为了更好地与学生进行交流并及时了解学生学习情况，通常采用镜面示范，采用镜面示范时教师动作方向与学生相反，但运用口令和提示时要以学生的动作方向为准。

背面示范：背面示范有利于展示教师背面动作或左右移动的动作。在新授课中，教师常采用背面示范带领学生进行练习，可以使学生在身体姿态、动作方向、动作路线等方面很快地建立正确的动作概念和肌肉感觉。但背面示范不易观察到身后学生的学习情况，声音也不易被学生听清楚，所以背面示范不能浪费太长的时间。

正面示范：这种示范方法对于教师向学生展示正面动作的技能和关键点，非常有效。教师在教授新内容时，面向学生可进行单个、组合或成套动作展示，不改变动作方向。

侧面示范：涉及矢状面内屈髋、屈膝的动作（如半蹲、抬膝）时，侧面示范有利于展示动作的侧面和按前后方向完成的动作，能更好地观察动作的运动轨迹，同时教师可边示范边侧头向学生进行讲解，利于和学生进行沟通。

③示范面转换：在健美操教学中，教师会因教学内容的不同进行示范面的转换，但无论朝向哪个示范面，出脚方向始终和学生保持一致，这种转换方法称为示范面转换法。常用的示范面转换法有以下几种。

踏步法：适用于迈步类步伐，如Step tap、Step touch、Step curl、Step knee、Grapevine等。在完成一个2拍的迈步类动作时，可在一个八拍中的任意2拍（如1拍—2拍、3拍—4拍、5拍—6拍、7拍—8拍）用2个踏步代替原来的动作，同时转身180°。例如用Step touch转换示范面，从镜面示范开始，1拍—4拍左脚开始做2个Step touch动作，5拍—6拍左脚开始踏步，同时向左转身180°，接着7拍—8拍左脚再做1个Step touch，此时7拍—8拍的Step touch已转为背面示范了。在完成Grapevine时，可在一个八拍中的第4拍或第8拍用1个踏步代替原来的动作，同时转身180°。例如从镜面示范开始，1拍—4拍左脚开始做1个Grapevine，第4拍时做踏步，同时向左转身180°，接着5拍—8拍左脚再做1个Grapevine，此时的Grapevine已转为背面示范了。

点地法：适用于踏步类步伐，如march、easy walk、V-step、mambo等。在完成踏步类动作march、easy walk、V-step、mambo时，最后一拍用点地或后屈腿代替原来的动作，同时转身180°。例如用march转换示范面，从镜面示范开始，1拍—2拍左脚开始做2个March，在踏步第3拍时左转180°，第4拍时右脚点地，这时就转成了背面示范，然后接右脚开始其他动作。也可以在5拍—6拍或7拍—8拍或任何2个踏步时转身，要领同上。

重复法：适用于点地类和抬起类步伐，如Heel、Tap side、Tap back、Knee lift、Kick等。在完成点地类和抬起类动作时，可在任意4拍（如1拍—4拍或5拍—8拍）重复2次动作，同时转身180°。例如用Heel转换示范面，从镜面示范开始，1拍—2拍左脚开始做1次Heel。第2拍时右脚小跳并转体180°，3拍—4拍左脚重复再做1次Heel，此时的Heel已转为背面示范。

双脚法：适用于双脚类步伐，如Jumping jack、Jumping up、Lunge jumping、Squat等。可在动作完成后还原成双脚站立时的第2、4、6、8拍时，同时转身180°。例如，用Lunge jumping转换示范面，从镜面示范开始，1拍—2拍左脚开始做1次Lunge jumping，第2拍收脚的同时转身180°，3拍—4拍左脚再做1次Lunge jumping，这时就转成了背面示范。教师在进行转换时要注意与学生的动作方向保持一致。

（3）运用示范法的要求和标准如下所示。①示范指的是需要模仿的、标准的动作：教师的示范一定要正确、娴熟、美妙和放松，在复习课上，还可以请成套动作熟练的学生带领全班学生进行练习，一方面可以树立榜样。提高学生的积极性和自觉性；另一方面可以给教师更多的时间集中精力去发现和纠正学生的错误。

②示范要具有清晰的目标：老师的示范方式要按照教学任务、环节和学生的能力来决定。比如，对新动作进行示范的同时，要让学生具有独立系统的动作理念，通常需要事先进行一次整体的示范，之后融合详细的教学需求，进行不同方式的示范方法。

③示范必须和学生的观察有联系：示范的同时，要对示范的面和速度进行有效合理的选取，同时以学生的观看角度和观看距离为选取标准。例如，在教授"L"型并步时应采用背面示范，教授弹踢腿时应采用侧面示范。

④多种示范结合运用：教师对动作进行指导的时候，要把背面和镜面结合起来一起示范。将示范面进行转换之后，教师对动作的示范和学生所做的动作要是同一个方向。

⑤示范与讲解相结合：在健美操教学中，示范通过视觉器官作用于人体，而讲解则是通过听觉起作用的，两者的结合增强了学生获得的感知效果，使技术动作的内在联系准确地呈现给学生，比单独运用一种方法更有效果。

3. 提示法

所谓提示法，就是指教师用提醒的办法指引学生进行锻炼的一种方式。这样的方法分为两种，一种是语言提示，一种是非语言提示。

（1）提示法的主要形式有以下几种。①语言提示法：是指在健美操教学中，教师用简单的话语或指示提醒学生应该达到的动作步骤、时机、次数、角度和质量的教学方式。学生可通过接收到的信息达到正确完成动作、提升动作质量、准确合拍、获得激励等，从而获得最大的成效。语言提示在有氧健身操教学中尤为重要。

②非语言提示法：在健美操教学中，除了语言提示以外的对教学有帮助的一切身体行为，通过非语言提示来重复所表达的意思起到加深印象的作用。非语言提示的效果有时比语言提示的效果更好，更容易被学生接

受。因此，在健美操教学中，非语言提示被认为是一种学生和教师之间行之有效的沟通方式。

（2）提示法的教学技巧，非为语言和非语言提示法两种。第一种语言提示法的教学技巧有以下三点。

①口令拍节：按照健美操音乐特点，对每一个乐句的8拍都数出来，如"1、2、3、4、5、6、7、8""1、2、3、4、5、6、7、8"。数拍子通常初学时使用，但不能让学生依赖教师数拍节，应培养学生适应音乐节奏、学会听懂节奏并尽快掌握随音乐节奏做动作的能力。

②动作提示：动作剩余次数及新动作名称的提示，通常提前2拍或4拍进行提示。如果是正在完成2拍的动作（如点地、并步等），将要提示的动作是十字步时，需从最后一个八拍的第1拍开始数"4、3、2、十字步"；如果正在完成4拍的动作（如交叉步、迈步吸腿等），将要提示的动作是十字步时，需从最后两个八拍的第1拍开始数"4、3、2、十字步"。动作提示还包括身体姿态、动作方向、纠正错误及激励性语言等内容。

③语气：教师语气和语调的使用，使学生能够感受到教师的耐心、指导方法和经验。在健美操教学中，教师应根据学习的内容和阶段随时调整语气和语调。

非语言提示法的教学技巧有以下三点。①手势：通过手部动作来指引动作的进展，属于健美操教学中，最普遍的教学方式，也是必须持有的教学能力。手部动作的指引内容涵盖动作角度、动作名字、动作完成形式、重复次数与倒数数量、图形变化等。

②面部表情及眼神：教师的眼神和面部表情的变化，如：微笑、睁大眼睛、点头等动作都会对学生学习积极性和自信心产生积极的影响，让学生感受到教师亲切和真诚的教导。

③标志物和信号：教学时，学生由于记不住动作或走神等原因，不能连续跟音乐完成动作，这时教师就要利用场地中一些明显的标志物，提示学生向某标志物方向运动或转体，也可以在动作变化前发出拍手、响指等声音引起大家的注意力，再提示下一个动作，使健美操教学顺利进行。

（3）运用提示法的注意事项，分为语言和非语言提示法两方面的注意事项。第一种语言提示注意事项有以下几点。

①用词精练、声音洪亮：使用术语或提示动作尽可能简短、准确，选择重点问题，点到为止，不可用贬义词。

②把握提示时机、语速不易过快：如果预留说话的拍节过短，来不及就会造成语速太快，学生不易听清楚提示内容，影响动作连接及完成质量。

③及时纠正错误：要准确找出错误发生的原因并及时纠正，应使用正面语言，注意保护学生积极性。

④经常鼓励学生：当学生情绪不佳、体力不足或自信心缺乏时，使用积极性、引导性和鼓励性的语言鼓舞学生坚持到底。

第二种，非语言提示注意事项分为以下几点。①利用肢体语言提示时，必须让学生清楚地看到教师所做的手势提示，并明确肢体语言的含义，必要时可将动作进行夸张放大。所以，要将课上会用到的手势的含义提前告诉学生，让学生有所掌握。

②利用身体动作来指示学生的时候，应该和语言的指令相互结合，让指示内容越发清晰明了。

③教师要勇于使用脸部表情变化和眼神的变化激发学生的学习动力。比如对学生抿嘴笑、注视和颔首等。

④利用手部动作进行暗示的时候，应该按照需求提前完成两拍或者是四拍动作，找到合适的暗示时间。教师使用的手部动作不能频繁变化，不但能够使用学生都认可的手势，还能够自己创造独特的手势。

4. 完整法与分解法

所谓完整法，指的是整个动作过程中，将动作进行整体教学，不会进行拆分。完整法可以维持动作的整体构造，对动作的相互联结不会造成破坏，让学生具备整体动作的理念。

所谓分解法，指的是根据进行动作的各个身体部位的有效拆分，把整体动作分成单个动作的组合，分别对不同的单个动作进行讲解和传授，直到学生全面了解了动作的方法。此方法可以简化所学动作的难度，使学生迅速掌握动作。

（1）完整法与分解法的主要形式。分为以下两种。①按动作的结构分解：把完整动作分为若干部分，然后依次逐段学练，掌握各部分后，再将各部分动作连接起来整体完成。例如，在学习难度动作"屈体分腿跳成俯撑时，可将动作分为地上动作和地面动作进行学习，然后再按动作的完成顺序进行完整练习。

②按参与运动的身体部位分解：把完整动作按照构成动作的身体部位进行分解，然后分别训练某一部位的动作，待学生学会各部位的动作以后，再把整套动作组合之后，达成动作标准。比如，将健美操的整体动作拆分为肢体的上下动作，单独进行教学，之后将上下肢动作结合起来，一起进行锻炼。

（2）完整法与分解法的教学技巧，可以分为如下四类。①对构造简易的动作进行学习的时候，教师能够使用完整法将教学进行下去。

②如果技术动作比较复杂，无法拆分，教师能够使用完整教学方式，将动作的难度系数降低，比如减缓速度或者是让幅度变小，让学生更加了解动作的运动方向和动作变化，增强学生准确达成动作标准的自身感受，如果学生心中拥有了准确的动作理念，在使用标准速度和幅度，对动作进行整体锻炼。

③如果学习的动作需要优秀的身体素质，或者动作本身危险系数很高，宜采用分解法进行教学，以降低动作对身体素质的要求或学练过程中的危险程度。

④对于动作各部分相对独立的动作，一般按照动作的结构进行分解教学：对于需要具备超高协调性能的动作来说，往往根据参与运动的身体部位做出拆分讲解。如果学生对所有的动作都已经有了基础了解，就可以进行完整动作的内容进行教学。

（3）使用完整法与分解法的注意事项，可以分为以下三种。①分解教学是部分地掌握技术动作，一般被看成是完整教学的补充。因此，分解教学的时间不宜过长。

②在分解动作时，教师要正确地将技术动作环节分解开来。应当保证动作的完成形式和先后顺序不被改变。

③在完成分解教学后，要采用完整教学法进行强化，同时注重分解动作衔接部分的练习，保证成套动作连贯地完成。在健美操的教学经过里，

完整法和分解法常常是紧密联系、交替转换，同时融合了其他教学方式。

5. 重复练习法

这种方法指的是在动作构造不变换的情况下，根据动作要点实行重复的锻炼方式。这样的锻炼方式不但可以提升学生对动作技术的了解能力和使用能力，还对教师指引和带领学生改正动作的不足之处有作用，同时也有利于学生的身体素质得到更好的发展。

（1）重复练习法的主要形式可以分为以下两种。①单个动作重复练习：指对健美操某一动作进行连续反复练习，此方法适用于动作的初学阶段。这种练习形式方便教师观察和纠正错误动作，有利于学生集中注意力，使其能够更快地掌握和改进这一动作。

②组合或成套动作重复练习：指对健美操的组合或成套动作进行反复练习，此方法适用于动作学习的巩固与提高阶段。这种练习形式加大了运动负荷，有利于巩固所学的技术动作，不仅可以加强身体锻炼，发展学生的耐力，还可以培养学生的意志品质。

（2）重复练习法的教学技巧分为以下两种。①在动作的初学阶段，应采用单个动作重复练习，教师在学生反复练习的过程中，应及时向学生强调技术要领，使其快速掌握动作结构，提高动作质量。

②在整组或整套动作教学完毕以后，通常使用组合或成套动作重复练习法，以提高动作的连贯性和熟练度。教师在运用过程中，应先将整套动作分为不同的部分，对各部分进行反复练习，然后逐步将各部分的动作衔接起来，最后再进行组合或成套动作的重复练习。

（3）运用重复练习法的注意事项，主要分为以下三种。①以免错误动作不断的练习：教学经过当中，如果教师察觉到动作的失误，就要马上告知学生，加以改正，以免错误动作被当成正确动作使用。

②对运动的负荷进行有效的布置：动作刚开始学习的时候，应该使用重复锻炼法，防止负荷超强或者提前出现疲劳感，防止疲劳状态下，对学生的动作改善有所影响。

③对重复次数进行有效的布置：锻炼之时，重复的次数不但可以确保学生在每次锻炼的时候都可以完成动作的规定标准，在不影响锻炼质量的

前提下，适度的给学生施加锻炼强度。如果重复锻炼的次数过少，就不会产生锻炼的效果，对动作的掌握和稳固也更不容易；如果重复锻炼的次数过多，会让动作慢慢发生变化，学生过度劳累，慢慢失去锻炼的动力。

（二）有氧健身课常用教学方法

除了以上普遍使用的教学方法以外，健美操教学还包括和国际教学法相结合的教学方式，通常以下几种方法。

1. 递加循环法

递加循环法指的是，每完成一个个八拍动作教学之后，都和之前的动作衔接起来，一起锻炼，称之为递加式循环锻炼方式。利用这种方法，可以把不同的组合连接起来。

运用递加循环法时，只有掌握了一个八拍的动作，才能进行下一个八拍的学习，若发现某一个八拍掌握不好或不能掌握，应返回重新学习这一八拍，以确保动作间的连接。这种方式不但能够合理的加大锻炼密度，还能够平衡运动负荷，对于教学成效的提升来讲，非常有利。

2. 连接法

这种方法往往被称为"部分到整体法"，首先将两种动作分别教授，之后连接起来，然后将另外两种动作分别教授，之后连接起来，最后把这四种动作整体结合起来，形成组合套路。

这种方法能够进展成为一个超长的组合套路，不过连接之初，组合动作不能太长，防止学生受到记忆能力的限制，记不住所学动作。

3. 线性渐进法

这种方式指的是，将个别动作按次序排列的时候，动作之间只有一个因素会有所改变的教学方式。这里的因素，指的是上下肢的动作，或者其他的变化。这种方法很少受到限制，并且方法简单，同时不会让动作变成组合动作或者是套路动作。

在这种方法中，变化都是慢慢发生的，并且是简单容易的动作变化。动作要有不同的类型，同时注重动作类别的平衡性和强度，这样的线性过渡才是有效的。

4. 金字塔法

这种方法的平面示意图就像金字塔一样，这种方法属于对单一动作的不断重复的方法。慢慢增多重复动作的次数的方式叫正金字塔法，慢慢减少重复动作的次数的方式叫倒金字塔法。

（1）正金字塔法

1 Leg Curl R+1 Leg Curl L

2 Leg Curl R+2 Leg Curl L

4 Leg Curl R+4 Leg Curl L

8 Leg Curl R+8 Leg Curl L

（2）倒金字塔法

8 Leg Curl R+8 Leg Curl L

4 Leg Curl R+4 Leg Curl L

2 Leg Curl R+2 Leg Curl L

1 Leg Curl R+1 Leg Curl L

正金字塔法的特征是让学员注重动作技能、身姿仪态和锻炼程度；倒金字塔法能够加深组合动作的复杂程度，让学员觉得新鲜刺激，激发斗志，调动学习激情。

5. 过渡动作法

对新型动作和组合动作进行教授之前，要融入一个或者一段比较简易的连接动作，等动作和组合基础了解以后，再将这项连接动作去除。这种方式叫过渡动作法。

这个连接动作应该稳定不变，可以使用March、Step touch、V step、Jog等过渡动作，过渡动作不能太多，不然学生会觉得乏味，需要按照组合动作的难易程度来决定；这个过渡动作在整体动作完成之前就应该去除。通过这种方式能够让学员维持锻炼的轻度，让大脑得到放松。

6.层层变化法

这种方法指的是，原来的组合里面，按照次序仅仅转变一个八拍动作，让动作慢慢转换成另外动作组合的方式。这种方法是慢慢发展的，一个动作转变之后，一定要重复这个动作组合。通过这种形式，能够让学员比较顺利的从简易组合转换到全新的、繁复的动作组合。

教学方式是对动作内容进行传授的主要途径，有效正规的教学方式能够让课堂氛围更加有趣，相同的教学内容使用不一样的教学方式会形成不一样的效果。以上所说的各种教学方法都具备独特的特征和作用，不过彼此之间关系密切。对健美操运动进行教学的时候，必须按照课堂的任务要求，因地制宜、互相辅助的使用不同方式，让每种方式的使用都变成整个教学经过中的有效步骤。

二、健美操教学手段

所谓健美操教学手段，指的是健美操教学运输信息和感情的介质，进展体能和运动能力的应用工具，目的是提升教学的成效。

（一）健美操教学手段的作用

1.沟通信息，调控教学过程

教学过程中，教师和学生常常利用眼睛和耳朵对信息进行接收，所有信息利用不同的教学方式来传递出去。比如，教师利用挂图和慢动作对所学动作进行预习和复习，通过这种方式给学生展示教学内容，学生看过教学内容以后，对所学内容有了直接的了解，从而提高教学效果。

2. 提高信息的接收效果和教学质量

在教学过程中，使用多种教学手段能够有效提高知识本身的可接受性和学生接受信息的兴奋性。比如，对健美操成套动作进行讲解的时候，利用电视媒体的方式，给学生传授知识机能，可以给学生带来新鲜感受，可以启发学生的学习兴趣，提升兴奋程度，最大程度的接收信息，保持信息量的最大化，让教学效果得到提升。

3. 有利于突出动作技术的重点和关键

对繁杂的健美操技能进行学习的时候，需要通过媒体介质，减缓速度，不断反复锻炼动作技能的主要环节，利用反复示范和加强的形式，加快学生了解重要技能的速度。

4. 有利于进一步提高和改进动作

利用现代化教学方式展现的图像，或利用把学生的动作通过媒介工具记录下来的方式，让学生和正确的动作进行比较和研究，找到出错点，立即改正和提升。

（二）健美操教学中常用的教学手段

普遍使用的健美操教学手段包括：利用多媒体进行教学和利用器械进行教学两种方式。

1. 多媒体类

包括计算机、电视机、CD\DVD机、组合播放器、无线话筒、无线耳麦、投影设备、录像机等。

2. 器械类

包括踏板、瑞士球、弹力带、平衡垫、哑铃、沙袋、体操垫等。

（三）选择健美操教学手段应注意的问题

1. 适宜的教学手段有助于提高教学质量

使用什么样的教学方式，一定要对教学目的有所掌握，无论任何教学手段，都应该可以调动学生的学习动力，有利于健美操教学质量向新台阶迈进。

2. 从具体条件出发选择教学手段

选择教学手段要从实践角度考量，一面考量已有的地点、设施、器械等状况，一面还应该根据教学内容和学生能力水平，因地制宜地选择教学方式。

3. 协调好人与操作物之间的关系

教学手段如何选取，取决于师生双方的活动，所以，不但要调节师生之间的联系，还要展现师生之间的主动积极性，将人和操作物之间的关系调节好，让不同的教学工具能够更好的为学生服务。

第三节 健美操教学文件的制定

所谓健美操教学文件，指的是对健美操课程教学进行规范性要求的制度性条款，主要包括教学大纲、教学进度和教案三种。制定教学文件是一项在健美操教学过程中具有重要意义的基础性工作。

一、教学大纲

健美操教学大纲是学校根据培养方案，以纲要的形式编写健美操教学内容的教学文件。教学大纲从整体上规定学校的培养目标、教学目的任务、教学内容设置、各个阶段的教学进度、课时安排以及教学效果的评价标准，为评估健美操学科的教学质量提供了重要依据。经过一个教学周期后，可以按照进展状况的要求做出调节或改善。想要增设全新的课程，一定要提前将教学大纲制定出来，经院（系）审核并报教务处批准后方可开课。

（一）健美操教学大纲的内容

1. 课程性质与目标

课程性质是为哪个专业或哪几个专业学生开设的什么课（学科基础、专业必修、专业选修），明确课程的教学内容及教学目标既有利于学生对课程的认识和了解，也有利于教学管理者对教师组织该课程教学情况的了解和评价，保证教学活动符合教学目的的需求。

2. 教学内容与要求

理论教学部分要分别列出讲授内容的细目，并提出对学生的要求，使学生不仅能理解和掌握所学理论知识，而且能运用其指导实践。技术教学部分要明确教学重点与难点，或者更深层次的具体问题，一般包括单个、组合或成套动作的技术规格、教学方法、竞赛规则等。

教学要求是指通过教学使学生了解、理解、掌握并能够运用所学内容，达到考试通过水准。

3. 学时分配

不同的教学内容在教学体系里占据的学时数是不一样的，共同构成了教学的总学时数量。理论课时和实践课时的分配，要合理适度，正确的学时分配可以完成教学的目的，同时更能达到落实任务的目标。

4. 考核方式及成绩评定方法

考核方式主要以开卷、闭卷、作业、操作、报告等形式体现。根据教学目标，全面设计健美操理论知识、技术动作、学习态度以及各种能力培养等方面的考核。成绩评定由评定形式、人员组成、评价指标、等级标准等方面构成。

5. 教学建议

主要是针对教师执行大纲时提出的各项要求，包括完成大纲的组织和物质条件，如场地、器材、设备等，以及学生能力培养的具体落实，还有对教学方式方法上的具体措施和补充意见。

6. 教材和学习资源

在撰写大纲中所参用的一些相关书目、网络资源。教师和学生可以参照阅览，拓展知识面。有利于更好地补充教学内容和培养学生的自主学习能力。

7. 课外学习要求

因材施教对不同层次学生要提出不同的要求：明确课外学习要求，特别是对作业的要求，说明作业的形式（如习题、报告等）、作业量，以及对作业完成时间要求等；说明对学生课外阅读的参考资料的数量以及相应的读书笔记、读书报告等的要求。

（二）制定健美操教学大纲的基本要求

1. 从实际需要出发

按照健美操教学的需求和真实情况，合理的制定出正确的教学大纲，全面展现教学规划制定的锻炼方向和标准，正确指出健美操教学的总体目标和方向。

2. 精选教材内容

按照教学任务，有效地对教材进行准确的选取，将重要、基本和科学的知识理论融入到教学大纲里面，让主次内容彰显出来，划出重点内容，同时要十分看重教材内容的逻辑性、整体性和应用性。

3. 科学分配学时比重

根据教学计划中规定的培养目标和教学任务，准确的布置教学时数，理论和实践教学的学时一定要适度配置，进而保证教学任务的达成。

4. 重视考核内容与方法

健美操教学大纲必须清楚规定出每项考核的方式，地点和规则，对理论和实践的考核成绩在综合成绩中占据的比例，要进行适宜的布置。让考核成绩可以正确的评定学生的学习状况。

二、健美操教学大纲范例

课程类别：公共必修课；适用专业：各学科专业；学分数：2.5；学时数：64；理论学时：4；实验/实践学时：60；预修课程：无；开课教研室：健美操教研室。

（一）课程性质与目标

本课程是为各学科专业本科生开设的公共必修课。本课程共计64学时，完成本课程并通过考试可获得2.5学分，本课程以多种教学方式来提高学生的自我锻炼价值，增进学生的团结合作意识，养成良好的健康生活方式。经过对这项课程的学习，让学生对健美操运动的基础理论和技能技巧以及动作组合的规律有所掌握，提升机体的协调性和韵律感，培养学生正确的身体姿态以及审美能力，达到增强体质、增进健康的目的，使学生在健美操成套动作的练习中掌握科学的健美操锻炼方法，为终身体育锻炼打下良好的基础。

（二）教学内容与要求

1. 第一单元

健美操基础理论、第三套《全国健美操大众锻炼标准》一级套路教学。教学内容包括理论知识和基本技术两方面。

（1）理论知识，健美操总结和鉴赏：健美操运动的发生和进展；健美操运动的定义、特征、类型及功能；观看有关健身健美操表演与比赛视频，欣赏健美操运动。

（2）基础技能，第三套《全国健美操大众锻炼标准》一级套路教学（不包括地面动作组合）。一级是健美操大众锻炼标准的入门套路动作，主要进行低强度的有氧练习。全套共有四个组合动作，各个组合都是通过三个至五个的基础步法共同构成的，同时和简易、对称的上肢动作共同组成。主要步伐包括：一字步、侧并步、连续并步、十字步、踏步、前点地、弧形走、并腿半蹲、上步吸腿、侧迈步后屈腿、交叉步、侧点地、V字步、A字步、弹踢腿跳、连续弹踢、漫步等。

（3）教学重点及难点，教学重点：健美操基本步伐与上肢动作的协调配合，组合动作的熟练性，正确的路线及方向变化。着重练习一字步、侧并步、十字步、弹踢腿跳、后屈腿、交叉步。教学难点：健美操乐感的理解及动作的规范性。成套组合中正确的技术要点及准确的动作发力。

（4）基本要求，进行健美操单个动作和组合动作的练习，以有氧操练习形式为主。在教师的带领下进行练习，使学生了解有氧操练习形式，逐渐掌握健美操基本动作技术。通过对中低强度的一级成套动作进行锻炼，了解健美操基础动作技能和节奏，提高动作的韵律感，培养协调性、灵巧性和审美意识。

2. 第二单元

该单元教程为第三套《全国健美操大众锻炼标准》二级套路教学。

（1）教学内容，第三套《全国健美操大众锻炼标准》二级套路教学。

主要对有氧练习进行适度强度的锻炼，同时对身体中心力量的稳固性进行锻炼。各个组合锻炼都通过四个或者五个步法来共同构成，同时步法角度会有所改变，主要动作路线的方向基本维持在前后左右四个方向。大多数的手臂动作都是对称性质的，还出现了少量手臂的依次性动作。主要步伐包括：十字步、漫步、并步跳、侧滑步、并步、滑步、上步吸腿、交叉步、一字步、分并腿、小马跳、弧形跑、开合跳、后屈腿、侧点地等。地面组合部分包括：简单的腰腹肌、背肌等力量练习。

（2）教学重点及难点教学重点：成套动作的熟练性、连贯性、规范性以及动作的方向变化。着重练习并步跳、侧滑步、上步吸腿、分并腿、小马跳、弧形跑、开合跳。教学难点：组合动作中的跳步，前后左右的图形路线转换的流畅性，力量组合练习中腰腹和身体核心部位的控制能力。

（3）基本要求在一级动作的基础上进一步理解和掌握健美操基本技术的运用，注重成套动作的准确规范程度，不断提高动作之间的连贯性及协调性，掌握健美操步伐的基本转换技术和跳跃技术，并保持中低强度的有氧训练；力量练习要求学生能够掌握正确的锻炼方法。

3. 第三单元

自编轻器械有氧健身操的教学内容包括以下理论知识和基本技术两点。如下所示。

（1）理论知识，健美操基本动作：健美操基本步伐与基本手型（包括无冲击步伐、低冲击步伐、高冲击步伐）。

（2）基本技术，自编轻器械有氧健身操根据学生特点专门设计，动作内容包含健美操的基本步伐、各种手臂和身体动作，加上花球、踏板及健身球等轻器械的巧妙融入完成有氧练习，使动作更具娱乐性和观赏性。

（3）教学重点及难点，教学重点：轻器械有氧健身操的动作技术要领，音乐的节奏及风格特点，配合轻器械高质量地完成动作，保持中低强度的有氧训练。

教学难点：成套动作的熟练程度，轻器械的合理运用，与音乐节奏的配合，学生的表现能力。

（4）基本要求，了解并掌握成套动作的技术要领及动作规格，认真学习成套动作并反复练习，逐步提高动作的熟练程度，在教学经过当中，激发学生的学习兴趣，全面展现学生的独立个性和表现水平。

4. 第四单元

该单元的教材为第三套《全国健美操大众锻炼标准》三级套路教学，内容及难点要求如下。

（1）教学内容，第三套《全国健美操大众锻炼标准》三级套路教学比二级动作稍加难度，主要进行中等强度的有氧练习和低难度的腰腹及上肢力量练习。全套分为四个组合，每一个组合均由4个—5个基本步伐组成，辅以对称性质的上部肢体动作，同时配合动作的角度变化和简单的形状改变，角度保持在90°—180°的范围之间。主要步伐包括：迈步后屈腿、V字步、漫步、交叉步、并步跳、小马跳、上步吸腿、交换步、侧交叉步、十字步、并步跳、侧点地、向前走、吸腿跳、侧并步、向侧迈步等。地面组合部分包括：手臂力量、腹背力量和腹肌力量练习等。

（2）教学重点及难点，教学重点：动作的连贯程度以及90°—180°的动作方向变化，动作优美有力度，富有激情的表现力，并能配合音乐的节拍，动作路线轨迹的准确性。教学难点：上下肢动作的协调配合，动作的准确性与规范性，力量练习部分肌肉的控制。

（3）基本要求，通过成套动作的练习，使学生了解并掌握健美操动作技术及变化规律，注重音乐节奏与动作的紧密结合，掌握正确的动作路线变化及要领。在练习的过程中，逐渐提高运动负荷，通过增加练习的次数，巩固和加强动作的熟练性和技术的准确规范程度。

（三）学时分配

1. 学时分配细则

（1）一单元，教学内容：健美操概述与赏析，大众健美操一级成套教学；学时：14；学时分配：健美操概述与赏析在课堂讲授2学时，大众健美操一级成套教学在技术训练12学时。

（2）二单元，教学内容：大众健美操二级成套教学；学时：16；学时分配：技术训练14学时，考试2学时。

（3）三单元，教学内容：健美操基本动作，自编轻器械有氧健身操；学时：18；学时分配：健美操基本动作在课堂讲授2学时，自编轻器械有氧健身操在技术训练14学时，在考试有2学时。

（4）四单元，教学内容：大众健美操三级成套教学；学时：16；学时分配：技术训练14学时，考试2学时。

2. 考核方式

考核内容：学习态度，基本技术；考核类型：考查，考试；考核方式：考勤，技评；占总成绩比例：10%，90%。

3. 成绩评定方法

（1）学习态度（10%），根据学生的出勤情况评定成绩，每旷课一次扣1分，迟到两次扣1分。

（2）基本技术（90%），基本技术的考核包括大众健美操二级规定动作（30%）、自编轻器械有氧健身操（30%）和大众健美操三级规定动作（30%）三部分，并依健美操评分标准进行评定。

具体方法：由教研室选派2名—3名非本班任课教师组成的考核评定小组，根据学生考试动作的完成情况进行评分。

4. 评分标准

（1）等级优秀者，评分因素为：熟练并独立完成成套动作，动作规范准确，能够与音乐完美结合，富有表现力。成绩为90分—100分。

（2）等级良好者，评分因素为：较为熟练并独立完成套动作，完成动作较为规范，配合音乐节奏准确。成绩为80分—89分。

（3）等级一般者，评分因素为：独立完成成套作，在音乐节拍内正确完成。成绩为70分—79分。

（4）等级及格者，评分因素为：基本完成成套动作，能够配合音乐节奏。成绩为60分—69分。

(5)等级不及格者,评分因素为:不能独立完成成套动作,动作不能与音乐节奏相吻合。成绩为60分以下。

(四)教学建议

(1)认真研究教学大纲,合理制定教学进度,采用多种形式教学,做好备课工作,认真上好每一堂课,不断提高教学质量。

(2)采用启发式教学,激发学生的学习积极性和自觉性,充分发挥学生的主观能动性和创造力。

(3)教师要重视课堂上的思想教育,贯彻教书育人的主体思想。

(4)提高学生的学习兴趣,使学生在轻松愉悦的教学氛围中进行学习。

(5)根据非体育专业学生的特点,有区别地进行健美操技术教学,加强课前的教学设计。

(五)教材与学习资源

1. 推荐教材

(1)《全国健美操大众锻炼标准第三套动作图解》,中国健美操协会审定,2009年第一版。

(2)《健美操运动教程》,马鸿韬主编,北京体育大学出版社,2007年第一版。

(3)《健美操》,匡小红编著,高等教育出版社,2011年第一版。

2. 参考书目

(1)《2012年全民健身操展示大赛评分指南》,中国健美操协会印制,2012年第一版。

(2)《体育音乐选配与创编》,李芳编著,高等教育出版社,2011年第一版。

(3)《2013—2016竞技健美操竞赛规则》,国际体操联合会著,国家体育总局体操运动管理中心，2013年第一版。

（4）《形体训练教程》，刘志红编著，高等教育出版社，2009年第二版。

3. 学习资源

（1）国际体操联合会官方网站：http://www.fig-gymnastics.com/。

（2）中国健美操协会官方网站：http://www.caa.net.cn/。

（3）中国健美操竞赛网：http://www.caa-gym.org/。

（4）健美操信息网：http://www.51tc.com/。

（六）课外学习要求

（1）利用课余时间复习课堂上所学内容，以个人或小组形式练习3次—5次，互相纠正错误动作，巩固动作技术。

（2）听至少3种不同类型以上的音乐，加强学生对乐感的培养，包括大众健美操音乐、爵士、街舞等流行课的音乐。

（3）观看踏板操、街舞、搏击操等流行特种课视频，了解健美操的流行发展趋势，拓宽学生的视野。

三、教学进度

健美操教学进度是根据健美操教学大纲的规定，对各学期出现的教学内容进行课时和课序的具体分配，是进行健美操课程教学的日程表，是教师开展每个学期教学工作的依据。教师根据教学进度进行备课、制订教案、选择教学方式。

（一）健美操教学进度的内容

健美操教学进度通常是以表格的形式呈现，这样能够使教师清晰阅读、一目了然，方便使用。详细的教学进度表能够对教师授课、教学管理和学生学习起到十分重要的作用。教学进度主要包括以下几方面内容。

1. 课时课次

课时课次是指健美操教学课每节课内容所分配的学时数及课程安排的顺序，教学目标需要依靠学时数和课时数来实现。

2. 教学内容

这是教学进度的重要部分，主要是根据章节、开课前安排的顺序进行的教材分量，它呈现了每节课或每周课的教学任务，决定了每节课学生应该掌握的知识、技术或技能，是教师根据教材、学生总体水平及个人经验进行分配的部分。

3. 教学目的

该部分体现了实施相应教学内容所要达到的效果，即学生的知识技能、学习方法和情感价值方面，对学生学习和掌握课程的各部分知识有一定的指导作用。每一节课都是围绕着该目的进行授课的，是对本次课教学提出的教学要求，也是本学期授课的方向。

（二）制定健美操教学进度的基本要求

1. 全面安排，重点突出

根据培养目标的要求和健美操的特点，必须全面安排大纲所规定的教材内容，统计各方面内容所占的学时及次数，要重点突出，使整个教学过程科学、合理地进行。

2. 注意教材之间的衔接与联系

制定教学进度时，在动作顺序的安排上应按动作的难易程度；在内容顺序的安排上应考虑不同风格的健美操以及不同类型动作之间的联系。安排进度时，要由易到难、循序渐进、科学搭配、合理安排，这样才能有利于学生身体全面发展，巩固和提高学生的知识、技术和技能。

3. 权衡每次课的教学内容

每次课的教学内容既不能安排过多，也不能太少，应保证在规定的时间里，基本能完成每次课的教学内容。

4. 理论与实践相结合

理论课、实践课的安排要密切配合，根据不同学习阶段的任务要求，有的放矢地安排理论课，使理论与实际相结合，指导实践。实践课的教学要采用多种形式，使学生的各种技能得到发展。

（三）健美操教学进度范例

1. 课次一

主要内容：
（1）学习健美操基本理论知识（概念、分类、作用、发展等）。
（2）介绍健美操的基本站立姿势、基本步伐和基本手型。
目的要求：
（1）使学生初步掌握健美操的基本知识，了解健美操的发展状况。
（2）通过形体、步伐和徒手动作的练习，培养学生正确的身体姿态。

2. 课次二

主要内容：
（1）简介健美操大众锻炼标准三级规定动作的安排与要求。
（2）学习健美操大众锻炼标准三级规定动作组合一。
（3）身体素质练习（仰卧挺身练习）。
目的要求：
（1）使学生了解学习内容、教学进度、考试办法及纪律要求。
（2）初步掌握健美操大众锻炼标准三级规定动作组合一。

（3）通过身体素质练习，发展学生臀部肌肉力量。

3. 课次三

主要内容：

（1）复习健美操大众锻炼标准三级规定动作组合一。

（2）学习健美操大众锻炼标准三级规定动作组合二。

（3）身体素质练习（跪撑胸部练习）。

目的要求：

（1）熟练掌握健美操大众锻炼标准三级规定动作组合一。

（2）初步掌握健美操大众锻炼标准三级规定动作组合二。

（3）通过身体素质练习，发展学生胸肌的力量。

4. 课次四

主要内容：

（1）复习健美操大众锻炼标准三级规定动作组合一、二。

（2）学习健美操大众锻炼标准三级规定动作组合三。

目的要求：

（1）通过改进，熟练掌握健美操大众锻炼标准三级规定动作组合一、二。

（2）不同的方向面，熟练掌握其组合动作。

（3）初步掌握健美操大众锻炼标准三级规定动作组合三。

5. 课次五

主要内容：

（1）复习健美操大众锻炼标准三级规定动作组合一、二、三。

（2）学习健美操大众锻炼标准三级规定动作组合四。

目的要求：

（1）通过改进，熟练掌握健美操大众锻炼标准三级规定动作组合一、二、三。

（2）初步掌握健美操大众锻炼标准三级规定动作组合四的动作。

6. 课次六

主要内容：

（1）复习健美操大众锻炼标准三级规定动作一、二、三、四。

（2）学习健美操大众锻炼标准三级规定动作力量练习部分。

目的要求：

（1）熟练掌握健美操大众锻炼标准三级规定动作组合一至四的动作。

（2）不同的方向面，熟练掌握其组合动作。

（3）通过学习，初步掌握健美操大众锻炼标准四级规定动作力量练习部分。

7. 课次七

主要内容：

复习健美操大众锻炼标准三级规定动作组合。

目的要求：

（1）熟练掌握健美操大众锻炼标准三级规定动作。

（2）不同的方向面，熟练掌握其组合动作。

8. 课次八

主要内容：

（1）布置考试任务和要求。

（2）技评达标考核。

目的要求：

（1）检查教学效果。

（2）教师考试后小结。

9. 课次九

主要内容：

（1）简介健美操大众锻炼标准四级规定动作的安排与要求。

（2）学习健美操大众锻炼标准四级规定动作组合一。

（3）身体素质练习（仰卧举腿）。

目的要求：

（1）使学生了解上课要求、教学进度、考试办法及纪律要求。

（2）初步掌握健美操大众锻炼标准四级规定动作组合一。

（3）通过身体素质练习，发展学生的腹肌力量。

10. 课次十

主要内容：

（1）复习健美操大众锻炼标准四级规定动作组合一。

（2）学习健美操大众锻炼标准四级规定动作组合二。

（3）身体素质练习（半蹲）。

目的要求：

（1）熟练掌握健美操大众锻炼标准四级规定动作组合一。

（2）初步掌握健美操大众锻炼标准四级规定动作组合二。

（3）通过身体素质练习，发展学生股四头肌力量。

11. 课次十一

主要内容：

（1）复习健美操大众锻炼标准四级规定动作组合一、二。

（2）身体素质练习（俯跪屈膝上举腿）。

目的要求：

（1）熟练掌握健美操大众锻炼标准四级规定动作组合一、二。

（2）不同的方向面，熟练掌握其组合动作。

（3）通过身体素质练习，发展学生臀部肌肉力量。

12. 课次十二

主要内容：

（1）学习健美操大众锻炼标准四级规定动作组合三。

（2）身体素质练习（仰撑练习）。

目的要求：

（1）初步掌握健美操大众锻炼标准四级规定动作组合三。

（2）通过身体素质练习，发展学生腹背肌肉力量。

13. **课次十三**

主要内容：

（1）复习健美操大众锻炼标准四级规定动作组合三。

（2）学习健美操大众锻炼标准四级规定动作组合四。

（3）身体素质练习（单腿屈伸）。

目的要求：

（1）熟练掌握健美操大众锻炼标准四级规定动作组合三。

（2）初步掌握健美操大众锻炼标准四级规定动作组合四。

（3）通过身体素质练习，发展学生大腿和小腿肌肉力量。

14. **课次十四**

主要内容：

（1）复习健美操大众锻炼标准四级规定动作组合三、四。

（2）学习健美操大众锻炼标准四级规定动作力量练习部分。

目的要求：

（1）熟练掌握健美操大众锻炼标准四级规定动作组合三、四。

（2）通过学习，初步掌握健美操大众锻炼标准四级规定动作力量练习部分。

15. **课次十五**

主要内容：

复习成套健美操大众锻炼标准四级规定动作。

目的要求：

（1）掌握健美操大众锻炼标准四级规定动作。

（2）不同的方向面，熟练掌握其套路动作。

16. 课次十六

主要内容：
（1）布置考试任务和要求。
（2）技评达标考核。
目的要求：
（1）检查教学效果。
（2）教师考试后小结。

四、教案

教案又称课时计划，指的是教师按照教学大纲的标准，综合考虑理论和实际两方面，对教材进行处理，利用合适的教学方式安排教学过程，最后完成教学的终极目标。教案属于教师进行教学工作的重要依据，也是教师课前准备的一项重要工作。

（一）健美操教案的内容

根据教学目的和课的类型，健美操课教案分理论课教案和技术课教案。

1. 理论课教案

教师将所授内容有计划有目的地设计成不同课次的理论课教案，在健美操理论课中，根据教案的安排用撰写的讲稿或多媒体进行讲授教学。理论课教案的内容首先要写明课程名称、课次、授课日期、授课对象、授课地点、教学方式、本课题目和使用教材。理论课教案的结构主要包含：教学任务、教学重点和难点、教学用具、教学主要内容、组织教法、学科进展与本课要点的归纳、本课思考题与参考资料、课后作业或预习要点以及课后教学小结。

2. 技术课教案

健美操技术课教案首先要标明课次、时间、然后根据教学进度确定课的任务，并将任务在上课过程中贯彻执行。

教案的主要内容一般分为准备、基本、结束三个部分。每一部分的练习内容、组织教法与要求、时间分配、练习次数都要在教案中有所体现，教师在设计教案时要考虑每节课的运动量和强度，有计划、有步骤地进行教学。课后要在教案的课后小结处写下课堂心得、下次课应注意的问题及学生对技术掌握的情况，并做出简要评价，以提高教学质量，方便今后的教学研究。

（二）制定健美操教案的基本要求

1. 准确把握重点和难点

编写健美操教案要以教学进度为依据，了解教学的要点、重点和难点。

2. 恰当运用教学方法

在编写教案时，所选择和运用的教学方法要符合健美操的教学任务、特点和学生个性特征，激发学生的学习动机，引起学习兴趣。

3. 合理安排授课时间

要有严密的计划性和组织性，安排好课的时间。健美操教学进程中，组织学生上课、队伍调动、教学内容的复习与新内容的学习、教法运用等环节合理周到、相互联系、相互补充，使教学层次井然有序、有条不紊。

4. 科学控制运动量和运动强度

如果是以学习新的健美操动作为主的课，运动量和运动强度要小一些；如果是以复习为主，特别是以复习成套动作为主的课，运动量和运动强度都要大些。

五、健美操教案范例

（一）健美操理论课教案

课程名称：健美操专项理论；教学方式：理论讲授；本课题目：健美操基本动作（一）。

1. 教学任务

（1）学习健美操基本动作的特点及作用，使学生初步了解健美操的基本动作。

（2）学习健美操基本动作的主要内容，培养学生对健美操运动的兴趣，使学生进一步了解健美操。

（3）实践健身健美操基本步伐和竞技健美操基本步伐，初步培养学生的正确下肢动作姿态，为健美操运动技术打下良好的基础。

（4）学生根据自己已掌握的基本动作，相互指引评定，加强学生独立学习的自信和主动性，提升教学成效。

2. 教学重点与难点

（1）教学重点，学好基本动作可以为今后健美操成套动作的学习打下良好的基础，本次课将健身健美操和竞技健美操的基本步伐作为重点教学内容。对于健美操初学者来说，步伐的协调性、弹性和节拍配合都较难掌握，这些在教学中都应进行重点教学，并进行相应的技术分析，使同学们在理论上对基本动作技术有正确地理解。

（2）教学难点，低冲击步伐——V字步、一字步、曼巴步、恰恰步、交叉步、迈步后屈腿、滑步动作的完成方法与要领；高冲击步伐——并步跳、钟摆跳、小马跳动作的完成方法与要领；竞技健美操七种基本步伐角度、方向等变化的完成要领；动作完成的协调性与弹性以及步伐的节拍配合。

3. 教学主要内容

（1）讲解健美操基本动作的特点及作用（10分钟），主要内容如下。

健美操基本动作的特点：

是健美操中最典型、最核心的部分；内容丰富、动作相对比较简单；是健美操动作中最重要而且是最稳定的部分。

健美操基本动作的作用：

有助于练习者建立良好的身体姿态；更好地理解掌握动作组合；使练习者更好地体会发力、用力和控制；有助于更好地编排组合。

（2）讲解健美操基本动作的主要内容（45分钟），主要内容如下。

健身健美操基本步伐：

无冲击步伐：弹动、半蹲、弓步、提踵、箭步蹲；

低冲击步伐：

①踏步类：踏步、一字步、V字步、曼巴步、小曼巴步、桑巴步、恰恰步。

②迈步类：并步、交叉步、迈步后屈腿、滑步。

③点地类：侧点地、后点地。

④抬起类：吸腿、摆腿。

高冲击步伐：

①迈步跳起类：并步跳、上步吸腿跳。

②两腿起跳类：并腿纵跳、开合跳、并腿滑雪跳、弓步跳。

③单腿起跳类：弹踢腿类、钟摆跳、踏步跳。

④后踢腿跑类：后踢腿跑、小马跳。

竞技健美操基本步伐：踏步、后踢腿跑、吸腿跳、踢腿跳、开合跳、弓步跳、弹踢腿

（3）实践健身健美操基本步伐及竞技健美操基本步伐（30分钟）。主要内容如下。

健身健美操基本步伐：低冲击步伐、高冲击步伐、无冲击步伐。

竞技健美操基本步伐：踏步、后踢腿跑、吸腿跳、踢腿跳、开合跳、弓步跳、弹踢腿。

（4）本次课重点回顾（5分钟）。

4. 组织教法

（1）教师通过多媒体配合，突出重点，进行讲解并示范基本动作的要领，注意启发诱导学生对健美操基本动作的理解。

（2）选多名学生进行动作示范，学生仔细观察，互相评价，对出现的错误技术问题，教师通过提问的方式启发学生积极思考，提高对基本动作的认识。

（3）针对学生对技术动作的认识，进行课堂讨论，互相启发，引导学生完成正确的健美操动作。

学科重点与本课要点归纳：基本步伐是健美操运动的基础和前提，同时也是健美操学习的基础内容；竞技健美操基本步伐是操化动作的重要组成部分。随着健美操越来越普及，并与国际接轨，基本步伐的组合逐步创新，呈现多样化和艺术性，这是健美操比赛获得成功的有力保障。

5. 本课要点

（1）健美操基本动作的特点及作用。

（2）健身健美操基本动作——无冲击步伐、低冲击步伐、高冲击步伐的完成方法与要领。

（3）竞技健美操的七种基本步伐完成方法与要领以及步伐变换角度或方向的完成。

6. 本课思考题与参考资料

思考题：

（1）健身健美操低冲击步伐和高冲击步伐分别包括哪几类？

（2）对健身健美操的迈步类和踏步类动作分别进行举例。

参考资料：

[1] 肖光来. 健美操［M］. 北京：人民体育出版社，2008.

［2］马鸿韬.健美操运动教程［M］.北京：北京体育大学出版社，2007.

［3］中国知网［OL］.http：//www.cnki.neL/.

7. 课后作业和预习要点

（1）复习健美操基本动作的主要内容。

（2）根据所学知识，创编一套低冲击步伐健美操动作组合。

（3）预习上肢动作、力量练习动作与伸展动作。

在下次理论课上教师根据本课思考题进行课堂提问，根据学生回答问题情况进行评价，载入平时成绩。

（二）健美操技术课教案

教学内容：

（1）复习健美操大众锻炼标准四级规定动作组合一。

（2）学习健美操大众锻炼标准四级规定动作组合二。

（3）身体素质练习。

教学任务：

（1）复习并巩固提高健美操大众锻炼标准四级规定动作组合一。

（2）学习并初步掌握健美操大众锻炼标准四级规定动作组合二。

（3）通过身体素质练习，发展学生的腹肌力量。

教育任务：培养学生对健美操运动的兴趣，激发学生对健美操课的热情。

六、准备部分

（一）时间

准备部分所用时间为25分钟。

（二）教学内容

1. 课堂常规

（1）班长集合整队，向老师报告。

（2）师生互相问好。

（3）宣布本次课的学习内容，提出课堂要求。

（4）检查服装，安排见习生并提出要求。

2. 准备活动

（1）各关节活动

（2）伸拉练习

（3）热身操练习

1×8：V字步+上步吸腿，右脚领先。

1×8：2次曼巴步，左脚领先。

1×8：2次恰恰步+4次后踢腿跑，左后方转身360°，左脚领先。

1×8：2次脚跟前点地+2次侧点地，左脚领先。

第五至第八个8拍，动作相同，方向相反。

（三）组织教法及要求

1. 课堂常规

（1）队形：密集队形。

（2）要求：集合迅速整齐。听清本课学习内容和要求。

2. 准备活动

（1）队形：体操队形。

（2）教法：音乐伴奏下，教师领做，学生跟做。教师采用递加循环法教授动作。

（3）要求：动作舒展大方、幅度由小到大。调动学生积极性，为基本部分的学习做好身体上的准备。

七、基本部分

（一）时间

基本部分所用时间为60分钟。

（二）教学内容

1. 复习健美操大众锻炼标准四级规定动作组合一

（1）重点：第一个8拍，4拍—8拍动作方向的变化。第二个8拍，上步吸腿2次，上下肢的协调配合。迈步侧抬腿跳，双臂经侧摆至侧上举，握拳。

（2）难点：步伐动作与手臂动作应协调、一致。跳起时注意收腹立腰、动作舒展。

2. 学习健美操大众锻炼标准四级规定动作组合二

（1）组合动作：第一个8拍：向侧迈步点地+向侧并步+向侧小并步跳+1/2后曼巴步。第二个8拍：向右前方上步吸腿2次+向左后方迈步吸腿2次，转体450°。第三个8拍：向左后交叉步接换脚步+向侧走3步同时转体360°接换脚步。第四个8拍：向侧面做小曼巴步+右转90°向前走2步。

（2）重点：向侧迈步点地，重心的转移。第二个8拍5拍—8拍的转体。

（3）难点：转体的度数应完整、准确。第三个8拍，交叉步转换步伐的节奏应清楚。

3. 身体素质练习

腹肌两头起。预备姿势：直体仰卧，臂上举。第一个8拍：1拍—4拍上体与两腿同时匀速抬起，手触脚；5拍—8拍身体缓缓落下。第二至第四个8拍同第一个8拍。

（三）组织教法及要求

1. 复习健美操大众锻炼标准四级规定动作组合一

（1）队形：体操队形。

（2）教学步骤及教法：配乐，教师带领学生集体练习。点评练习的情况，并纠正错误动作。

易犯错误：
①各种步伐的变换衔接不流畅，影响到基本步伐的规范性。
②腿部动作缺乏弹性，重心不稳。
③迈步侧抬腿跳，空中动作不舒展。

纠正方法：
①分解练习各种基本步伐，注意各种步伐转换的规范要求。
②教师慢速领做，明确动作的节奏。
③强调动作要领和迈步方向。

（3）在音乐伴奏下，学生集体练习。

（4）要求：动作协调、到位，熟练掌握组合动作。

2. 学习健美操大众锻炼标准四级规定动作组合二

（1）队形：体操队形。

（2）教学步骤及教法：教师采用递加循环法教授组合二。教师口令指挥学生进行练习：

①练习正反面的迈步侧点地接向侧并步；练习第一个8拍的步伐；学习上肢动作。

②练习上步吸腿、迈步吸腿；配合上肢练习。

③练习交叉步、并步；上下肢配合练习；练习向侧走3步同时转体360°。

④面向1点练习小曼巴步；面向7点练习整个八拍；面向1点练习。

⑤改变第二、第三个八拍动作的路线和方向，重复练习。

（3）教师口令下带领学生练习组合二。

（4）教师重点讲解第二、第三个八拍，进行强化练习。

（5）根据学生的提问和发现的问题进行纠错。

（6）给学生3分钟时间，自己记忆动作。

（7）配乐，教师带领学生集体练习。

（8）伴随成套规定音乐，学生集体练习。

（9）要求：认真观察教师的示范，明确每个八拍1动作。牢记每个动作的节奏。初步掌握组合二的动作。

3. 身体素质练习

（1）队形：体操队形。

（2）教法：教师讲解动作要领。教师口令指挥，学生集体练习。

（3）要求：练习时，保持收腹、挺胸、立腰的身体姿态。全身协调用力，动作连贯。

八、结束部分

（一）时间

结束部分需要时间为5分钟。

（二）教学内容

（1）放松练习。

（2）本课小结：本次课的学习情况。总结优点，提出不足。

（3）布置课外作业：练习健美操大众锻炼标准四级规定动作组合一、二。

（4）下课，收还器材。

（三）组织教法及要求

（1）放松练习：队形：体操队形。教法：配合节奏缓慢的音乐，教师领操，学生跟做。要求：全身放松，心情愉快。

（2）本课小结：队形：密集队形。要求：集合动作快而整齐。

（3）见习生安排：见习生随班上课，认真听讲。根据身体情况进行力所能及的练习。协助教师进行一定的教学辅助工作。

（4）场地与器材：场地：健美操房。器材：CD机、光盘。

第四节　健美操教学课的设计与评价

一、健美操教学课的设计

（一）健美操课的类型

健美操课程的种类按照教学的目的、任务和内容、教学方法及要达到的教学效果而划分的各种课的形式。每一种形式的教学课都是为实现整个教学系统中的某个教学环节的目标，这个教学环节对于提高课堂教学质量及保证全部教学工作的完整性与系统性有重要的意义与作用。

1. 理论课

健美操理论课通常是利用讲解、课内探讨、电子授课等形式，向学生传达健美操的基本知识、比赛结构和比赛裁定等层面的体系知识。健美操的理论课包括了：综述、术语、基本动作、教学及训练等内容。

2. 实践课

健美操实践课程是利用理论知识和实际操作，让学生了解健美操动作要点和教学方式，提升身体素质，锻炼正确的身形姿态、建立优美体态，锻炼学生的各种能力。按照健美操课程必须处理的各项失误，把实践课程划分为如下几种类型。

（1）引导课。通常引导课指的是整个课程的第一节课程，它的主要任务就是传授和讲解健美操课程的教学任务、要求、考核标准、有关规章制度以及健美操的特征、价值等相关知识，还需要适度的设置一些健美操锻炼的内容。教授知识的时候应注意以下两点。

①教师应对讲授的内容预先进行归纳，讲解时层次清楚、突出重点，使学生明确学习目的和要求，端正学习态度，并对健美操项目形成正确的、完整的认识。

②教师授课的方式要生动活泼，这样才能调动学生的学习热情。

（2）新授课。这项课程指的是，主要传授全新的教学内容。它的主要任务是让学生了解和掌握健美操课程的全新知识。教学时应注意以下几点。

①教授新动作时，应循序渐进，一般由慢速到正常速度，待动作基本掌握后，再配合规定的成套动作音乐进行反复练习。

②选择恰当的教学方法。教师要善于正确运用各种教法，让学生掌握知识和技能的速度更快。

③设置合适的负荷数量。新动作被传授以后，学生应该不断持续的重复锻炼，让学生可以应对适度的负荷量，同时对动作技能要更加关注，并多加锻炼，直至熟练掌握。

④做好充分的课前准备。对于全新的动作而言，学生在训练的时候一定会产生错误，所以教师要做好相应的出错预防方案，这样才可以在错误发生的同时，进行有目的的，有针对性的改正。

（3）综合课。所谓综合课，指的是不但对已经掌握的内容进行复习，还要对全新的内容进行学习。综合课在健美操教学中非常普遍。教学时应该对以下几个方面尤为关注。

①正确有效的对教学内容的次序进行安排。通常对学过的内容进行复习，之后再学习新的内容。

②选用适当的教学手段与方法。对学过的内容进行复习的同时，教师需要利用提问、探讨、心里思索和回忆等方式来指引学生对学过的内容进行回想和复习，还要对动作的要点和标准进行加深练习和回顾，在练习的同时如果出现动作失误或出错现象，老师要随时使用慢动作来对出错部位进行讲解，让学生巩固知识。找到出错点，加以改正。

③对教学时间进行分配的依据是：不同内容的教学方向、特征和难易程度。正确安排教学时间，才能合理安排运动负荷。通常传授新知识的时间长于对旧知识的复习时间，对旧知识复习时候产生的运动负荷要比新知识的学习负荷大很多。

（4）复习课。所谓复习课，指的是围绕着老师讲授过的知识技能而展开的复习课程。主要的目的就是在老师的带领下，渐渐稳定并提升动作的标准和水平，增强学生完成动作的协调性和美感。教学时应注意以下几点。

①有明确的教学目标。教师需要按照学生对新讲授的知识的掌握情况，制定相应的复习计划，同时利用对应的措施完成学习目标。

②在统一指引的前提下，对不同的学生进行不同的对待方式。对所学内容进行锻炼的时候，如果学生的基础不好，老师要进行更加细致的指引，帮助基础底子差的同学更好的提升学习效果，让他们的动作得到改进和提升，从而建立学生的自信心。至于基础条件好的学生来说，教师要增加对她们的教学标准，进一步提升他们的能力。

③选择适当的教学方法。在复习课上要注意精讲多练。加大练习的密度，提高动作规格和机体的有氧代谢能力。

④采用合理的课堂组织形式。在复习课上，可采用分组练习的形式，以调动学生的练习主动性、提升学生研究动作和改正不足的水平，对于教师针对性教学非常有利，对学生的学习状况也可以更好的了解；还可以通过一个同学或者是一个组合的同学来表演，通过表演观察动作，并对动作

进行评定，从而调动学生的主动锻炼的特性，从而可以更好的提升动作的发展水平。

（5）考核课。这项课程主要的目的是对学生的学习成效进行考察，它的主要目的就是对教学成果进行检测，同时给学生完成的技术动作给予成绩评定。考核的同时要特别注重如下几个方面。

①教师必须让学生了解考核的目标和规则以及评定准则。

②考核开始以前，学生为了达到考核水准，必须好好复习学过的内容，提前做好准备，这样才能将最好的水平展现出来。

③考核的结果既要准确，又要保证效率，所以，一个教师一般都会对两个同学同时进行考核。

（二）健美操课的结构

课程结构指的是将教学活动结合起来的，既固定又有分别的单个部分和组合部分，以及这些部分之间的次序和时间安排。简单说来，指的是健美操课程的组成环节，还有每个部分之间的次序、教法和时间上的安排等。现今，学校的健美操课程，基本都是由两种结构方式构成的，一种是三部分的结构，一种是四部分的结构。下面对三部分结构的健美操课作进一步说明。

1. 准备部分

（1）所用时间。如果课程的总时长为一个半小时或者是100分钟，那么这个部分的时间通常维持在20分钟上下。

（2）主要任务。准备部分主要是为了使学生从生理、心理方面尽快进入学习状态，为基本部分的学习做好充分的准备，这是保证健美操教学工作正常有序进行的基本条件。它的任务是快速地将学生组织起来，将所有学生的注意力都聚集在一起，准确了解上课的过程和规则，让学生能够自发主动的进行学习，让学生有活力、有激情的在课堂上学习。

（3）内容。通常这项课程的准备活动的开头都要进行热身操运动，它的内容通常包括了基础步法和手臂动作在内的各别和组合动作。

（4）组织。一般采用集体练习形式进行。

2. 基本部分

（1）时间。如果课程的总时间为一个半小时或者是100分钟，这个部分的时间通常维持在一个小时上下。

（2）任务。对学过的内容多加锻炼，并且积极学习新内容。在教学中，教师要发挥教学的主导作用，通过讲解、示范和实践练习，逐步引导学生理解动作的难点、重点，使学生掌握健美操知识、技术、技能，同时发展身体素质，加强思想教育和意志品质培养。教师还应鼓励学生在练习中提出问题，师生可共同讨论分析，发现学生有错误时，应及时纠正和补救，使学生通过该部分的教学，能较好地掌握和强化学过的内容。

（3）内容。空手锻炼、手拿工具进行锻炼或者利用工具的配合进行锻炼。锻炼的具体内容主要包括如下几点。

①空手锻炼：主要包括对各种动作进行空手锻炼。

个别动作：身体单个部位进行基础动作和步法的锻炼。

配合动作：身型体态的组合、步伐组合等。

成套动作：传统有氧健美操、拉丁和搏击等。

②手持轻器械进行锻炼：手里握住哑铃或者是健身球等轻器械对个别动作或者是组合动作进行锻炼。

③利用不同的器械进行锻炼：这些器械包括软垫和踏板等。

（4）组织。集体或分组形式进行练习。教师要善于观察，及时调动队形，改变练习形式，从而调整学生的运动负荷，有效地提高教学效率。

3. 结束部分

（1）时间。如果课程的总时长为一个半小时或者是100分钟，那么这个部分的时间通常保持在10分钟—15分钟为宜。

（2）任务。通过不同的锻炼方式有次序地完成教学过程。利用对整理的锻炼，让学生慢慢过渡到比较安静的状态下；教师仔细、系统、简明的总结教学内容，给学生安排课后作业，使课堂内外相结合，体现健美操教学的系统性和完整性。课的结束部分，实际上是课堂教学的延续和补充。

（3）结束部分内容。以拉伸和调息为主，主要锻炼静力拉伸运动；放松操的锻炼，这种操自在、活跃，动作多为弹动和抖动元素构成；通过按摩的方式，让肌肉得到放松；通过静态类的运动，让身体得到放松，比如气功和瑜伽。

（4）结束部分组织。一般采用集体练习形式。讲评时，教师要恰当地评价课堂学习情况，重点指出练习中普遍存在的错误及纠正方法，以利于学生课后练习。

（三）健美操课前准备

1. 课前准备的意义和形式

（1）意义。只有将课程的准备工作做好了，才能给接下来课程的提供基础和条件，课前活动准备好了，才能够提升教师的教学能力和工作水平，同时还可以展现教学的任务和手段。

（2）形式。形式分为两种，一种是独自备课，一种是群体共同备课。后者产生的前提是前者。另外，决定使用什么方式和途径，也属于教师对工作进行准备的基础步骤。

2. 课前准备的内容与要求

健身操课前应该使用什么程序，具有什么需求，需要按照教师、同学、教案和地点等详细状况来确定。往往通过如下几点来决定。

（1）对教材和资料进行研究。教师必须仔细研究和掌握健美操的教学大纲和教材，明确教材的目的性，领会教材内在的思想性、系统性和科学性，掌握教材的重点、难点和关键，确定教学中具体计划和安排，并选择有效的教学手段，同时要准备好大纲教材的补充材料，如健美操动作图解、音乐、录像等。

（2）对学生的状况有所掌握和研究。学生在教学过程中处于主体的地位，对学生有了清楚的认识，才可以制定准确无误的教学目标，从而选择合适的教学方式和途径。教师一定要通过学生的身体素质、专业素质、学习爱好等因素对学生进行综合考察，按照掌握的状况使用对应的举措，让教学能够有效的进行。（3）对教学内容进行有效的布置。不但要对教材进行深度了解，完全掌握学生特点，还应该按照课程的不同目的和内容，以及学生的实际情况等，对内容的前后次序进行合理的考量和布置。假如这项课程的主要任务是对动作进行创编，它的内容安排应该是先对创编的原则、方式和动作等基础理论进行传授，之后对创编的动作进行实践；教学步骤的排列次序要和教学内容完全相融，保证按时完成教学计划。

（4）钻研并确定教法。常言说："教学无定法，贵在得法。"教师应吸收国内外行之有效的教学方法，结合健美操自身的特点，恰当运用各种教学方法。在确定教学内容后，教师应根据学生的特点和实际情况确定动作教法步骤，以确保教学过程顺利进行，达到预期的教学效果。

（5）准备音乐。上课以前必须对音乐谨慎选择，按照不一样的锻炼内容采用相对应的音乐。比方说：运动之前，采用跳跃型、动感型，有感染性，并且曲调优美的音乐，让学生达到出汗的效果；教授动作时，选择与动作配套的音乐，使动作与音乐完美配合，让学生完全沉浸在音乐的旋律中，帮助他们记忆动作；放松时。应选择节奏舒缓、旋律优美的音乐，达到放松身心的效果。教师要对音乐有所掌握，对音乐的节奏和韵律有所了解，同时不要长久的应用相同的乐曲，需要在一定时间内对音乐有所调换。

（6）对教案进行编排。教案的编写标准，是教学的进展程度和单元教学方案。一定要对学生的真实状况有所了解以后，并且对教材和教法完全掌握之后，才能对教案进行编写。教案编写属于教师上课之前最重要的工作之一。编写教案可以使教师的准备更充分，有助于提高教师教学能力和课堂教学质量。

（7）准备器材和设备。教师要在上课之前就来到上课场地，至少提前10分钟为宜，利用这段时间对上课使用的器材和设备进行检查，同时准备上课时会用到的所有器材；学生应提前5分钟到达上课地点，等候上课。

（四）健美操课的组织与实施

健美操课的组织是教师根据教学目标、教学内容、学生实际和场地器材等，为完成课的任务、实现课的目标做出正确的组织所使用的不同的举措。对健美操课程的安排和实践，不但要非常负责，而且要求谨慎仔细。教学组织活动的科学性和正确性可以对教学的成果和质量造成影响。因此，学会课堂组织的方法、掌握课堂组织与实施能力是每位教师必须具备的基本素质之一。

1. 健美操课堂常规

设立课堂常规，目的是维持教学的正常秩序，所有的学生和老师都要严格遵守课堂规则和制度。对常规的设立不但可以维持正规的教学环境，还可以让教学有序进行，并且能够增强学生的思想品德素质，对于学生的文明素养来讲，具有很好的提升作用。课堂常规通常涵盖了如下的内容。

（1）教师要遵守以下几点需求。

①对课前进行充分的预习，课前仔细对教案进行研究，制定教课程序，对学生和场地进行了解和掌握，规范着装、端正仪表。

②教师要按教学大纲和进度进行教学，不得随意更改教学内容。

③准时按指定地点集合上课，向学生宣布本课内容与目标，并提出教学要求。

④教师要多做示范，加强保护和帮助，做好准备活动与整理练习。

⑤下课前教师要集合全班学生，对课堂教学情况进行小结和讲评，提出课后锻炼的要求，布置课后练习任务。

⑥检查监督学生归还器材等工作的执行情况。

（2）对学生的要求。有如下几点。

①学生在课堂上的着装是有一定标准的，所有的衣服都是运动型的，不能在身上佩带任何有碍运动的东西。

②受到伤病的影响，导致学生不能正常上课时，应主动向教师说明情况。

③学生上课时，必须自觉遵守课堂纪律，听从教师的安排，自觉自主地进行练习，努力完成教师提出的任务。

④学生需要根据老师的需求，对器材的拿放有次序有规律，对器材要多加爱护，不能造成破损。

⑤学生要对教师的作业安排仔细的完成。并对课堂所学内容进行复习和练习，积极运用所学内容参加体育活动，坚持体育锻炼。

2. 练习队形与示范位置

（1）队形锻炼。队形的正确安排是锻炼得以顺利进行的前提条件。正确娴熟的使用对性能够调动学生学习积极性，便于学生有效地观察到教师的示范动作和面部表情，有利于相互间的沟通。因此要熟练掌握如下几点。

①按照条件安排队伍形状：队伍如何安排要按照人数的数量、场地的面积范围等不同因素来决定。在进行器械练习时，应根据器械特点和练习设计，适当增加活动范围。

②队形应该有利于观察和指导：队伍的形状不但要让学生能够看见老师的示范，还要让老师能够看到学生的表现，方便老师的查看和指导。

③锻炼的间距要适度：间距大小要以不对动作的完成造成影响为准。空手锻炼的时候，通常保持一个手臂的间距，前后的间距保持在两个步伐；利用器械进行锻炼的时候，应该按照器械的特征和锻炼的场地大小，在间距上进行合适的拓宽和拉长。

（2）示范位置。决定示范位置的关键因素是全体学生都能看到教师示范。目前，有些学校的健美操馆有示范台，能为教师上课提供良好的条件。在没有示范台的情况下，应通过调整队形使每一个学生都能观察到教师示范，这是保证练习效果的关键。

3. 练习的组织形式

（1）集体练习。集体练习是指全体学生同时进行练习。这样的方式有利于老师进行综合指导，统一教学，可以有效利用教学时间，容易达到练习强度和密度的要求，有利于加快教学的进程。采用此种形式时，需要指导员不断地与学员沟通，适时地给予鼓励和表扬，使学生坚持下来。

（2）分组练习。可把学生分成两个组，安排同一练习内容，两组轮换进行练习；也可把学生分成几个组，每组布置不同的内容，然后进行依次轮换锻炼。按照教学目的、内容、数量和场地设备等状况使用不一样的分组方式。利用分组的方式进行教学的时候，教师应该有方向、有安排的对学生进行轮流指导，并且要严格要求自己的站位，不但可以有效的指导自己的小组成员，还要能够有效的观摩其他小组的成员动作。

在一堂健美操教学课中，可将集体同时练习和分组练习两种不同的形式结合起来运用。教师要灵活把握不同形式的转化，例如在新授课时可以采用集体练习，在复习课时可以采用分组练习的方式，这样能够让课程的锻炼内容越发充实有趣，调动学生的锻炼热情，提升锻炼成果。

4. 队伍的调动及骨干的培养与使用

（1）队伍的调动。队伍的布置和调动能够影响健美操课程的组织情况。也就是老师是否可以根据任务的要求，及时有效地把队伍调动成相应的形式。由于每堂课的教学目标、教学内容等各不相同，队伍的安排与调动应根据实际情况设计而定，基本要求有以下几个方面。

①教师应明确什么情况下需要变换队形，如何变换，变化时应注意什么问题。时机把握不当，就会画蛇添足。例如，集体练习时，教师可以根据原始队形，轮换调动每排学生至前排，这样可以使每排学生都有机会近距离观看教师示范。也有助于教师观察学生动作，及时纠正错误动作。

②在教学过程中，不同的教学内容需采用不同的组织形式，教师应根据具体教学情况来选择队列队形。例如，跳操队形一般采用体操队形；踢腿队形一般采用四路纵队；活动游戏较多采用圆形队伍等。

③在教学过程中，队列队形的变换应在最短的时间内，通过最简捷的变换达到最好的效果，教师在对队伍进行调动的时候，要合理使用口令，发出的口令要清晰有力，让学生能够听见并听懂，能够给学生带来号召力量，必要时教师可培养学生骨干来协助教师进行教学组织。

（2）骨干的培养与使用。在健美操教学课中，骨干有其特殊的作用。他们能够减轻教师的工作任务，协助教师进行教学组织，是健美操教学课中不可或缺的一支重要力量。

5. 场地与器材的布置

健美操课是在室内进行的，不仅要考虑其实用性、舒适性、功能性和安全性，还应体现出以人为本的理念，营造出使人心情愉快、精神愉悦的良好的健身氛围。因此，教师在教课之前应对健美操场馆的环境、位置、布局进行全面的审视。

在进行健美操教学时，布置场地器材是必不可少的环节。在布置场地和工具的时候，应该按照便于教学的准则，不但让教师能够顺利的讲授、观摩，还要便于学生进行锻炼。因此，器械的布置要方向一致，相对集中，但必须留有足够的空间。

（1）场地面积。一个合理的健美操场地练习区域的使用面积在100平方米—400平方米之间。场地过大不利于教师对学生的指导；而场地过小，会直接影响到教学质量。

（2）地面及场地高度。地面应为木质材料地板且地面平坦、无裂缝、有弹性并防滑。地面距天花板的高度应不低于3米。一定高度的场地会令学生锻炼时有良好的空间视野范围，使学生心情愉快，有助于学生的练习和恢复。

（3）领操台。健美操教学应配备领操台，主要用于教师带领学生练习和进行指导。领操台的大小和高度要按照场地的面积和范围来决定。通常情况下，在保证教师独立完成动作的前提下，领操台的高度要根据老师的视线涉及范围为准，让老师可以仔细的看到每一位学生的动作为原则。

（4）音响设备。应根据场地的实际形状和大小来具体选择适宜的音响设施。通常需要声音标准、效果优良，还需要配置无线麦克风，方便老师教学。

（5）壁镜。主要用于教师观察学生练习情况和学生自己观察动作。一般来讲，壁镜的高度应在2米以上，宽度最好能贴满一面墙。镜像要清晰、不变形。

（6）环境质量。健美操练习时，应具有良好的通风和采暖条件；保持一定的湿度和温度，保持室内环境的清洁卫生。

6. 课程密度与运动负荷的调控

课程密度与运动负荷是教师在上课时必须认真考虑的因素。课程密度和运动负荷的安排是否符合学生的身体特点，不但和学生的体质和健康有关系，还会对学生对理论知识的掌握程度，对运动技能的使用效果造成影响。准确、有效的布置课程的次数、时间，对运动的负荷进行掌握，这些都可以提升教学的成效。

（1）课程密度的安排与调控。有如下几点。

①认真备课，周密设计：课前教师应根据健美操课的教学目标、内容、学生情况等，认真备课，合理安排课中各项活动的具体内容和时间。

②改进和提高组织水平：加强对各部分教学内容的调控，尽可能提高整队、队形变换、布置场地器材的组织效率，让学生熟悉各项练习内容的顺序与队伍轮换的要求，缩短不必要的组织措施，以增加教学活动的流畅性。

③改进教学方法，提高教学技巧：教师要不断钻研教法，提高教学能力。上课时，讲解、示范力求简洁、突出重点，注意精讲多练，适当安排学生练习的次数。

④加强学生思想、纪律教育：教师要对学生积极进行引导和鼓励，强化组织纪律，使学生明确学习目的，自觉积极地配合教师参与教学过程，加大课的密度。充分发挥体育骨干的协助作用，减少时间的浪费。

（2）运动负荷的安排与调控。有以下几点。

①根据学生的身心发育水平安排运动负荷：安排课的运动负荷时，应从学生的实际情况出发，以大多数学生的承受能力为标准。体质较弱的学生，可采用减少动作冲击力、放慢速度、简化动作环节等方法来减少负荷强度；体质较好的学生可以通过加快速度，增大幅度等方法来加大负荷强度。

②根据课的类型安排运动负荷：课的任务不同，安排的负荷也不同。一般以复习健美操成套动作为主的课程要比新授课和引导课的强度大。

③根据课堂情况及时调整运动负荷：通过合理的组织教学，采用适宜的教法手段来调节健美操教学课的运动负荷；还可以通过改变动作幅度、

冲击力、动作速度、练习时间和动作重复次数等方法对运动负荷进行调节。

（五）健美操课的交流与总结

1. 交流与反馈

在课程结束后，教师不应马上离开场地，而应留有一定的时间与学生交流，及时了解学生对课的感受和想法。下次课前也应与学生进行沟通，掌握学生课下完成情况。

2. 总结与改进

教师应结合自身感受和学生的反馈信息，对上课情况进行及时的评估和总结，肯定优点并找出存在的问题及解决办法，为下次课的改进提供依据，从而不断提高教学能力和教学质量。

二、健美操课的教学评价

这项课程的教学评价是按照相应的健美操教学目的和相关质量的准则，对全部的健美操教学过程进行系统的调查，评定其价值和优缺点的过程。教学评价既包括对教师的评价，也包括对学生的评价，是提高健美操教学质量的重要手段，也是检验健美操教学目标得以实现的有效措施。

（一）健美操教学评价的作用

1. 诊断作用

对健美操课前准备、课堂教学经过和教学成效进行评定，能够随时掌握课堂教学每个层面的状况，从而判断教学水平、教学质量及存在的问题。全面客观的评定工作不但可以预测学生学习和完成目的之间的联系，还可以分析教师的教学成效、学生学习成绩不佳的原因，并制定出相应的对策。健美操课教学评价是对健美操教学进行比较谨慎、正确的测评。

2. 激励作用

这项课程的教学评价对教师和学生具有监督和强化的作用。通过相对客观、合理的评价，能反映出教师的教学水平和学生的学习情况。在一定程度上，经常进行课堂教学评价，有助于提高教师的专业水平和教学质量，增强教师的责任意识。同时，经常对学生的学习情况进行反馈与指导，有利于激发学生的学习动机，提高学生的学习效果。

3. 调节与反馈作用

通过健美操课教学评价，可以使教师和学生更加明确自己教与学的情况，这样有利于教师根据反馈信息修订计划、目标、方案、策略等，调整教师教与学生学的行为，从而有助于实现预期目标，达到更好的教学效果。

（二）健美操课教学评价的内容与方法

1. 对学生的评价

（1）理论知识掌握的评定。理论知识评定的目的主要是通过考核、了解学生掌握健美操理论知识的情况。通常采用的评价方法为笔试，也可通过完成作业的形式进行评定。

①笔试：主要考核学生对健美操理论知识的掌握程度及运用知识分析问题和解决问题的能力。

②作业评定：着重评定学生灵活运用所学理论知识的能力及对教材内容的理解深度。

（2）技术掌握的评定。采用一定的方法对学生认知和了解健美操技能的状况进行评定，属于教学经过中的关键环节，其评价的主要内容包括动作的熟练与规范、力量与柔韧素质、节奏感与表现力等。

（3）教学能力的评定。体育院校的学生不但要对理论和技能有所了解，还要拥有相应的教学技能。有关教学水平的评价可重点测评讲解技术动作分析与教学效果评价能力等方面。这些可以通过健美操实践课的实际教学进行评定。

（4）学习态度与情意表现评定。学习态度与情意表现的评定是指根据一定的标准对教学中学生所产生的思想、行动和个性等方面的变化进行评价的过程。学习态度的评价主要包括：出勤情况、课堂表现以及课后自主练习情况等；情意表现的评价主要包括：学生的情绪调控能力、自信心和意志表现等。评定时可采用自我评价、相互评价和教师评价相结合的方式。

（5）其他内容的评定。健美操教学中，对学生评价的内容很多，在不同教学层面上，要求有不同的评价内容。例如，教学起始状态的评定，主要分析学生学习健美操前的基础情况，如力量、柔韧、协调、节奏感等方面的综合能力，这在教学实践中被大量采用；运动技能的评定可以通过竞技健美操等级规定动作的考核进行评定，若达到一定水平还可参加比赛，根据所获得的比赛名次授予相应的等级运动员称号；体育院校学生裁判能力的评定，则是根据通过学习与实践达到的裁判能力，授予相应的等级裁判员称号。

2. 对教师的评价

想要对健美操老师进行评价，就要从教师的专业能力和实践能力两个方面进行的综合评价。这是促进健美操教师提高专业素养和课堂教学质量的重要手段。

（1）专业素质的评价。健美操教师的专业素质主要包括教师道德、教学能力与科研能力。教师道德的评价内容主要包括教师的职业态度以及对待学生的态度等；教学能力的评价内容主要包括教师对健美操课程目标、内容的认识与理解，教学方法的掌握与运用、从事教学的必备基本技能等；科研能力的评价内容主要包括主动学习的意识，独立钻研课题，写出有一定价值的科研论文等。

（2）课堂教学评价。对老师进行实践教学的能力进行评价，属于对教师的教学经过和成效这两个方面的评价，评价的目的不能仅仅利用教学成效来对老师的能力进行评价，一定要利用发展式的评价来推动教学过程的进度。对课堂教学进行评价的时候，不但要对教学的全部经过进行评价，还要对教学活动的开展效果进行评价。关于教师的教学能力的评价方法比较丰富，通常采用一定指标体系构成的评分表进行评价，有利于在教学评价中的操作应用。

（三）健美操课教学评价的基本要求

1. 体现全面性

健美操教学课中的每个因素不是单一、孤立的，而是相互联系、相互影响构成一个整体。在评价指标的确定和评价方法的选择方面，不能只凭经验和感觉，应以健美操学科的特点和不同的教学模块的内容为依据，符合学生身心发展的特点及审美教育的客观规律，要从全局出发，涵盖健美操教学目标的各个层面和教学的各项内容。

2. 明确方向性

教学评价是检验教学效果、教改方向的重要手段，是促使教学思想、教学方法得以更新与完善的有效措施。在评价时，要根据教学目标确定评价标准和评价内容，力求重点突出、简单易行，有针对性、可操作性，有利于教师总结经验，不断更新和改进教学方案。同时，也有利于学生查漏补缺，发现和挖掘自身的运动潜能，培养创新精神，以促进运动表现及技能的发展。

3. 多种方式相结合

教学评价的方式取决于评价的内容，但即使评价内容相同，又因具体教学情况的差异导致评价的方法不尽相同。一般根据教学实际情况灵活把握，采取多种评价相互融合的形式，从而可以取长补短，达到因材施教的效果，在评价当中获取全新的方向和动力，全面提高评价质量。

第四章 现代健美操教学课程组织与优化创新研究

现代健美操教学课程不但会影响健美操教学的效率和质量，还关系着学生的学习积极性和参与程度，对健美操运动的发展和推广都有深远意义。为此，要以现代健美操教学课程的组织与优化为研究对象，依次对现代健美操教学新思想与新理念、健美操教学课程的组织与实施、健美操教学中的学生人文素质培养进行分析，从而促使现代健美操教学能够有效的提升学生的健康素质。

第一节 现代健美操教学新思想与新理念

一、现代健美操教学模式的新思想与新理念

（一）创新现代健美操教学模式的指导思想

对教育的发展方向进行深度的研究，掌握现代健美操教学对素质教育的重视程度。对健美操技能进行锻炼和提升的同时，应当结合学生的身体和心理上的双重素质来进行不同的锻炼，教育的指导思想就是把学生的整体素质提升到高度水准。对健美操教学方式进行创新的同时，要把时代性的指导意识融入到创新思想里面去，围绕着健美操教学的所有层面，进

行综合教育，提升学生的综合素质，尽量和古板保守的教育形式脱离开，努力帮助学生主动投入到健美操教学当中去，积极研究全新的健美操方式和锻炼手段，进而指引学生根据实际要求对现代健美操教学提出建设性意见。可以让学生的综合能力得到提升。

（二）创新现代健美操教学模式的教学目标

将当今社会的环境和背景紧密联系起来，建立全新的教育发展方向，属于健美操创新教学模式的重要内容。在整个健美操教学经过里面，需要按照学生的详细状况来设定可以实践的，并且能够收获成效的教育目标。进而防止教学目标不易达成的现象。并且，教师还应该具备优秀的教学能力，能够达到教学目的。利用循序渐进的方式，支持学生积极投入到健美操教学活动当中去，调动和提升学生对健美操的学习动力和激情，成为健美操提升教学效率的前提条件。

（三）创新现代健美操教学模式的教学方法

健美操教学应该及时掌握时代的发展情况，根据目前的社会环境，对教学方式进行改进和创新。在实际的教学过程中，教师应该利用分组、递进式和比赛式的教学手段，上课的时候，主动提升学生的交际能力和责任感，同时激励学生具有竞争意识，让学生独立自主的投入到健美操学习当中去。

另外，对现代健美操教学方式进行创新的同时，也应当积极运用多媒体技术，从而使健美操教学方法更加多样化。例如，在上课的时候给学生展示全新的健美操相关视频，启发学生的学习意识和锻炼意识，还可以利用文档的方式将健美操的学习步骤传递给学生，让学生可以全面了解健美操的全部流程，从而对学生独立达到阶段性提升具有很好的促进影响，让现代健美操的教学效率和质量都获得合理的改进。

（四）有效的高校健美操教学模式评价体系

全面的评价系统依然是对健美操教学进行创新的必备内容。学校应该按照自身健美操教学的真实布置和真实状态，给健美操教师和学生进行因人而异的教学评定。比如，让学生对老师的教学进行评价，包括教学的方式和理念。同时，老师制定合理的考核制度和内容，对学生的学习状况进行考核。从而调动学生和老师的学习和教学上的主动性，保持健美操教学持续发展的形式，加强健美操教学在模式上的创新能力和发展能力。

二、现代健美操教学方法的新思想与新理念

（一）因材施教，坚持个性化

体育教学的过程中，学生属于教学体系中的主体身份，学生属于知识的接收者，学生对知识的掌握程度还会决定教师的教学成果。所以，对健美操进行教学的过程中，体育老师必须主动改变传统的教学理念，让学生端正学习态度，不能只是简单的向学生传授知识，还要综合考虑学生对学习的掌握情况和应用情况。不过，学生个体之间的能力水平是不一样的，所以每个学生的健美操基础能力也是不同的，因此教师在授课经过当中，必须要严格按照新课程的改革标准进行，一直按照因人而宜的教学规则，进而创造出活泼有趣的教学环境，从而让教师和学生之间的交流更加顺畅。

（二）运用多元化的教学方式

从属性上来讲，现代健美操项目是一种用肢体动作和歌曲韵律共同组成的运动类别，项目涵盖的全部基础技术不是单独存在的，必须在整体使

用的状况下，才能展现运动的最好成效。

所以，在教学经过里，教师要提前预习技术动作，并在教授过程中严格规定动作标准，对教学规则要严格把控，这有利于更好的掌握以后更难更复杂的动作技术，还有利于更好的适应快节奏的运动音乐。进而给学生建立健美操意识提供了前提条件，同时和教学任务的真实要求有效的联系起来，在递进式教学中，慢慢提升学生的动作水平，同时让学生慢慢掌握动作的属性和进展规律，促进学生对动作的准确理解。通常来讲，传统的老式教学模式会让学生产生叛逆心理，并在学习的同时产生厌倦感。这样极容易降低学生的学习效率。可是，现代健美操教学不但可以给学生提供基础动作和简单的组合动作，还可以让学生得到身形姿态的锻炼。同时对于学生的气质和基本功的提升也非常看重，可以让学生在音乐当中创造全新的动作，在锻炼当中提高自身的素质，让学生可以更好的得到身体素质上的锻炼。

（三）培养完善的思维模式和自主探究能力

随着新型教学模式的发展和实践，体育教学的任务是，一定要锻炼出具有综合素质的人才，因此在现代健美操教学里，对学生的思维能力和探究能力的培养是非常重视的。教师应该按照教学纲要，对全新的讲课模式进行合理的使用，合理即时的改变教学模式，从而调动和提升学生对学习现代健美操运动的学习动力和激情，并且应该对学生的心理有合理的、有效的调节，对教学的基本技术进行加强的同时，还要对学生的基本功进行深度锻炼。

具有深度的观察意识和思维方式，不但属于锻炼学生学习一种技能的基础能力，同时也属于学生动作稳固的必备基础，之所以这样说，是因为人体生理构造的大部分技能全是经过后天观察、思索和练习获取到的。对现代健美操进行教学的实际情况也是如此，在教学经过里面，要着重锻炼学生的观察能力，持续打开学生的眼界，在表演的时候，努力表现，在锻炼的时候，对运动持续进行实践，在教学比赛经过里，积极努力的使用实地调查和竞赛的形式,进而让学生的观察水平和应对水平都可以得到提升和改进。整体全面的展现学生技能的掌握程度以及队员团结协作的深远意义,如此才能够有效完善学生的思维模式,同时向着合理方向持续发展。

三、时下健美操教学改革策略

(一)为指导思想构建新型健美操教学模式

1. 课堂教学多样化

在健美操教学经过里,多样化的教学模式通常通过如下几点展现出来。

(1)教学内容。教学内容不但包括了理论课,还包括了实践课和辅导学这两个方面。

(2)教学艺术。对动作进行示范的时候,要优美,具备艺术性,同时要将学生的创造性和灵感启发出来。

(3)教学形式。全新的教学模式中,理论和实践要相互融合在一起,并且将师生之间的教授和学习相互融合起来。

2. 教学方法多样化

健美操教学里,多样化体现在健美操的讲解方式和学生的学习方式两个方面。

教授的多样化,指的是教师的讲课方式要多样化,应该使用示范法、指正法、讲解法和理论指引法。

学习上的多样化,指的是学生对健美操理论和技能的学习方式要多样化,不能拘泥于以往的教学模式,应该进行适度的转变,例如使用锻炼法、复习法、竞争法和对比法等。

3. 学生学习自主化

全新的健美操教学方式里，教师应该通过回忆对内容进行复习、解析动作、学生相互评价指错等方式，对学生的思维能力进行提升；利用集中学生对问题进行探讨、复习动作要点和基础、研究难点、指示和教授等提升学生的语言表达水平。

4. 考试成绩综合化

对学生的健美操掌握情况进行评价的时候，应该全面性，考核通常以学生的平时表现和期末考核结果为标准。日常成绩要包括学生的学习态度、考勤情况的考核，同时也包括学生的学习热度、进步速度等方面。期末成绩不但要包含创编成绩，还要包括理论和技术的成绩。

5. 教学实践系统化

健美操教学实践不但要正规化，还应该科学化。让同学利用对不同动作的创编，来提升学生的创编水平；还可以利用学生领操、实习课程的形式，让学生的教学能力得到提升。

（二）教师队伍建设，提高师资队伍素质

对教学进行组织的时候，教师处在中心位置，教师的能力如何，直接关系到了教学的效果。教师不但可以给教学的改革带来动力，还可能对教学的改革形成阻力，一定要推动教师的素质提升速度，让教师的腐旧教育思想得到改善，这样才能达到高质量的教育水平。所以说，在促使教学质量得以提高方面，只有建立一支素质水平都处在高水准的，并且具备高度创新意识的教师队伍才可以达到目标。通常从三个方面进行，一是进一步加强教师师资队伍建设；二是促使教师转变教学思想观念；三是进一步加大在教学设施方面的投资力度，改进教学设备。

第二节 健美操教学课程的组织与实施

一、健美操教学的课程安排

（一）健美操课程教学目标的确立

随着社会的发展，体育行业也在不断进展，健美操课程也就应运而生了，通过对健美操运动的锻炼，不但能够加强学生的身体素质，还可以让学生得到综合素质的发展。伴随物质生活水平的不断提升，营养超标、运动量减少、心理负荷大等多种社会状况不断发生，在不同程度上对学生的心理状态造成了影响。受到应试教育和竞技体育的限制和束缚，学生的健身想法非常肤浅，最近几年，我国大学生的肺活量、力度和韧性都出现了显著的降低状况。对于大学教育而言，它的目标就是锻炼全面素质型人才。体育教育能够有效的发展学生的身心素质，所以，教学目标一定要按照时代的发展进程，和时代的发展一同进步，持续进行改进，设立全新的健美操教学课程的教学目标已成必然。

当前，我国的健美操课程还是按照传统的教学方式在进行着，教学的目的依然是让学生了解基础的健美操理论知识和技能，提升学生的身体素质和运动能力，培养学生的意志品格。并且要让学生具备终身体育意识，锻炼学生进行独立练习的能力。经过对几所大学的健美操课程的相关调查，可以得知，健美操教学课程的终级目标应该是：培养学生的终身体育意识，主要的目的是健身，利用有效的教学方式，让学生拥有自主、准确的健美操训练方式和自我评定方法；锻炼学生的创新思想、创新技能和整体素质；提升学生的消费意识，并且着重培养学生的人格魅力，加强学生的团体意识，让学生具备优良的品质和坚韧的品格。详细的讲，就是利用对健美操的讲授，让学生从本质上掌握运动对身体的积极作用，使用有效的运动，达到健身的目的；让学生建立准确的消费意识和营养意识，同时懂得利用对自身的技术进行评价，来对自身的需求有清晰的认识，从而建立自主运动的意识。第一，教师要在素质教育的指引之下，围绕着人本主义思想，将学生置于主体的位置上，与学生维持良好的沟通关系，让学生慢慢从被动接受变成主动沟通的状态。第二，教师要具备科学健身的意识，用自身突出的人格品质和雄厚的知识基础，让学生全面感受健美操运动带来的快感，同时还可以给自己的健康和以后的生活中带来充实的锻炼，让学生主动参与到健美操运动当中去，从而让学生的身心得到放松，让身体素质得到提升；第三，教师要拥有平等思想，平等对待学生，围绕着健身的目的慢慢展开健美操运动。

（二）健美操课程教学内容的设置

高等院校当中，健美操运动的广大追求者大部分都是女生，想要迎合女性市场的需求，健美操的教授内容必须以终身教育为目标，内容贴近生活、让学生得到娱乐快感，按照健美操实用价值大小程度，对内容进行安排。所以，教师必须按照有氧运动的原则，同时配合没有危险、通俗易懂、潜移默化和提升身体素质的规则，使用合适的动作和音乐来对健美操课程进行编排，让学生在得到锻炼之后，可以对自己的平衡感、音乐感等进行准确的评定，让锻炼充满动力，同时提升健康水平。

（1）美国一些学校的健美操内容范围涵盖很广。通常包括很多内容。尤其在实践方面，有更广的涉及领域。所有的内容都在学校内完成，包括必选课和可选课两种，都是用学分制度为完成标准。我国一些学校的健美操课程都是有关基础理论和技能的内容；实践课的内容通常包括各种器械类的健美操，以及有氧健身操，还包括对身体形态和基础步法的锻炼。这些内容一定要在大学的头两年完成标准，之后两年的课程内，不包括体育类的科目。

（2）通过对比可以知道，我国各大院校的健美操课程内容和国外一些国家的健美操内容有很大的差别，同时也存在很大的差距。我国的健美操课程还有很多缺点存在，但是不同院校之间的课程内容也是不一样的，各有各的优势和缺陷，不过也存在相同点，那就是理论课程内容多于实践课内容。之所以会形成这样的局面，是因为实践课的开展取决于天气的状况、场地的大小、学时的多少和教师的能力高低。想要更加符合当今社会的人才需求，我国的健美操课程必须和时代的进展保持统一步伐，在课程上不断创新，不断改进。

（3）应运而生的新时代健美操课程。理论课程包含了健美操的含义、类别、意义，健美操的健身理论、基础方式和形式，健美操动作规则、实践和训练成果的自我评定，运动医学基础理论、损伤的预防和治理，营养学和生理学理论文化等。在对健美操的基础理论进行传授的时候，同时给学生传授运动知识，两者共同教授，让健美操课程达到完整性。此外，世界有关部门给健康做了如下的定义："所谓健康，指的是人的身心素质和社会各个层面都达到完美的情况"，为了达到健康的目的，必须在健美操课程里面，融入心理学方面的内容，多多融入有关体育保健类相关知识的内容。在技能领域，健美操课程应该涵盖多种风格类型，进而提升心肺功能水平；形体、气息和舒展的锻炼课程，以及大众艺术课程，可以让锻炼者的身体动作更加灵敏，身型体态更加优美，气质和情操也可以得到提升，让锻炼者感受到快乐、主动和安静的情绪；对于力量和韧度的锻炼课程来讲，会增加锻炼者的肌肉能力，并提升锻炼者的身体柔韧度。

（4）教学内容布置必须遵从的几个原则。课程选取要以健康理论为中心，让学生在身心两方面都得到均衡发展，切实达到健康的标准。教学的内容布置和运动幅度安排一定要合理。课程安排要科学、有效、正规、有序，同时具备娱乐性和渐进性，还要含有与时俱进的特性，满足大学生的学习欲望和追求美感的内心需求。

（三）健美操课程教学时间的安排

当今，健美操是公共体育基础教育课程之一，在大学期间的前两年，会有这项课程，授课的地点在班级之内，课时长短有限，同时受到地点和天气的限制，课程无法得到整体性的实施，学生基本都是为了考试才去学习健美操运动，所以不能全面系统的掌握健美操运动，学生也不会主动的投入到对健美操的训练当中去。而且，根据调查结果可得知，健美操运动的训练时间比较稳定，如果锻炼次数超过每周三次，摄氧量的最大化会慢慢变得平缓；如果锻炼次数低于每周两次，摄氧量的不会产生明显的改变。所以，锻炼次数为每周三次或者四次最佳。至于中等强度的锻炼来说，锻炼时间应该在进食后的一小时之后为宜。如果强度过大，锻炼时间在进食后的两小时以后为宜。如果锻炼的强度比较小，锻炼进行的时间应该在进食后的半个小时后为宜。进而我们可以得知进行健美操锻炼的最好时间是：早上锻炼时间：早餐之前；上午锻炼时间：进食早餐后的两个小时到进食午餐之前；下午锻炼时间：进食午餐后的两个小时到进食晚餐之前；晚上锻炼时间：进食晚餐后的两个小时到睡觉之前。所以，学校开展健美操课程的时间最好在大学的后两个年级。让有兴趣的同学可以更大程度的学习健身知识，并对这项运动进行更大强度的锻炼。并且，转变传统的教学方式，根据科学原则布置课程时间，让学生依据自身的课时布置和身体情况，独立安排合适的锻炼时间，学生锻炼的时间为每周1次到4次为宜。

（四）健美操课程测评指标与标准的制定

当前，健美操课程的评定标准和项目整体看来，更加侧重在专项技能方面，对于理论和身体素质的侧重比较轻，很多学生觉得，当前的测试项目比较相似，测试标准古板单一，没有科学性和客观性，千篇一律没有区别。

想要和先进的教学目的和内容相匹配，必须对健美操的课程进行整改。在考核的时候做到区别对待，科学正规，所以，个人观点觉得，健美操课程的考核内容和标准必须涵盖如下几点。

（1）对理论方面的考核。通过学到的理论技能，根据身体状况和学校情况，对当前学期的锻炼目的和安排进行制定，同时给这个方案进行实践形检查，对一个人的整个学期的健美操课程学习状况做出客观准确的评价，用论文的方式展现出来，这项考核成绩占总成绩的比例是15%。

（2）对力度方面、韧性方面和耐力水平的考核。2000米跑测试，坐姿体前驱测试，双臂提铃飞鸟测试，时间为一分钟，这些项目的成绩加起来，占总成绩的30%。

（3）对健美操技术进行考核。对学生学过的健美操相关技能进行考核，考核成绩占整体成绩的25%。

（4）对学生自身的进步程度进行考核。对于学生的各个方面的理论和技能进行考核，通过考核成绩可以看到学生的进步程度，考试时间安排在学期末，考核成绩占整体成绩的15%。

（5）课后锻炼。利用课后时间，对学生进行锻炼，通过学生健身和锻炼的时间多少，学分数量的多少，来进行考核，这项考核成绩占总成绩的比例为10%。

（6）对体制进行考核。对学生的体能素质进行考核，同样实行进步幅度的考核，考核成绩占整体成绩的5%。

大学校园里，女生的身体发育基本已经停止，但是仍然有继续发育的可能，这些女生希望自己的身形优美，想要寻求完美的气质和高尚的情操。健美操运动的特色和价值符合当代女大学生的要求，是她们一直都可以坚持的体育运动。所以，高校健美操教师必须掌握时代的发展进度和情况，持续对课程内容和考核内容进行改善，组成比较符合时代潮流的高校的健美操课程结构。

二、健美操教学课程的课程类型

（一）学校健美操课

以内容和性质作为划分依据，能够将学校健美操课划分成健美操理论和实践两种课程，详细情况如下。

1. 理论课

这项课程通常应用不同的方式，让学生更大程度的掌握健美操的整体理论内容。对教学内容的设立可以把不同学校的教学方案和大纲借鉴过来进行参考。

2. 实践课

详细的说，这项课程是利用身体锻炼，来推动学生对健美操动作的实践方式和关键点的掌握；促使学生掌握正确的身体姿态，使学生的身形更优美；对学生的身体素质进行大幅度的提升。这项课程中，不但对理论文化进行讲授，也会有机结合理论和实践两方面的内容，促使学生迅速掌握健美操运动的动作技术和技能，教师在提升学生的全面素质的同时，必须使用多种形式的方法。根据健美操课程应该达成的运动目标，必须将健美操课程分成不同的类型，主要课程的类型包括如下几个方面。

（1）引导课。一般状况下，这个课程是所有课程的第一步，主要目的是将健美操的所有相关知识都传授给学生，并且，教师还要对健美操的锻炼活动进行合适的布置。

首先，这项课程中教师的教学内容应该进行提前总结，给学生教授的时候要对内容有次序的进行安排，将层次和重点凸显出来，让学生有正确的健美操认知，了解学习的任务和标准，保持正确的学习态度，进而让学生主动融入到健美操教学当中去。

其次，这项课程的授课方式要多样化，利用媒体对课程内容进行讲解和传授是最佳方式。这样可以将学生的学习动力调动起来。

（2）新授课。这项课程的主要任务就是对新知识进行传授。这项课程的关键目标就是把健美操的新内容传递给学生，让学生了解和掌握。这项课程中，应该注意如下几个方面。

第一，健美操教师应当严格遵循教学规律，高质量地利用传授、演示和锻炼经过中的多样的教法举措等，促进学生对动作的准确感知能力，让学生具备正确的肌肉感知，进而形成正确理念。

第二，至于不同关节之间和部位之间的整体性动作，经常使用拆分方式和领导方式，让学生对自己的身体方位、动作方位和身体动作的转变有更加深刻的认识和掌握。

第三，学习了新动作以后，一定要不断的进行锻炼，让学生具备相应的负荷，不过负荷量要适度，要多加关注对动作技能的锻炼。

第四，对新动作进行教授的时候，通常首先使用指示口令的方式，对学生进行指导锻炼，速度由慢到快慢慢过渡，等到对动作有了基础的掌握之后，再加入音乐元素，进行锻炼。

第五，教师要给新动作会发生的失误做出预防方案，如果发生失误，就要有目的性的进行改正。

（3）综合课。这项课程不仅对传授过的知识内容进行复习和锻炼，还要对新知识内容进行学习。这项课程是健美操教学当中最普遍的课程方式。这些课程在讲授的时候，应该注重如下几个方面。

第一，教材的次序要科学合理。一般状况下，教师要采取先旧后新的教材讲授安排。

第二，教师在复习已经学过的内容时，应当采取不同的授课方式，指引学生对学过的知识进行回想和复习，主要涵盖了完成动作的方式、标准、要领、动作彼此间的关联等。并且让教师充分掌握学生对学习内容的学习情况，进而给以后的健美操教学打下预备基础。

第三，对学过的内容进行复习的时候，教师要利用不同的方式指引学生对学过的内容进行回忆和复习。比如动作的完成方式和标准，以及动作要点和动作连接等内容。这样能够让教师对学生的学习状况有所了解，方便之后的教学安排。

第四，对学过的内容进行复习的时候，必须对动作技能和标准有所掌握，根据学生容易出现的失误进行重点锻炼，教师利用放慢动作的方式或者固定姿势的途径来对错误动作进行有效改善。

第五，按照不同内容的教学目标、特征和不同难度，对教学的时间和负荷进行有效的布置和安排。通常对新知识的讲授要比复习的时间长很多，从负荷量来讲，复习的运动负荷要比学习的运动负荷大很多。

（4）复习课。这项课程指的是对学过的内容进行复习，目的就是通过老师的安排和指引，对学过的动作能够掌握的更加牢靠。对这项课程进行教学的时候，必须遵从如下原则。

第一，教师要按照新课程学生对内容的学习状况制定复习课的标准，使用合适的教学方案，达到教学目标。

第二，对群体进行指引的前提下，有区别的对待个体。锻炼的时候，要格外注重对底子差的学生的锻炼和培养，帮助这样的学生改善动作，建立自信；如果学生的学习成果很好，就要对其提出更好的学习标准。

第三，可以利用小组的方式，进行教学，小组之间可以轮流教学，也可以对学生进行一对一的教学，这样不但可以让学生主动投入学习，还可以让学生的改错能力得到提升，并且对教师的教学也有指导意义，方便教师可以更好的了解学生的个体情况。

第四，复习课的锻炼要保持讲解精辟、锻炼密度大、加强动作强度、提升动作标准的原则，进而有效提升身体的有氧代谢能力。

第五，上课的时候，可以让单个或者组别的同学进行演示、竞争和互相鉴赏，进而调动学生的学习主动性，逐渐提升和改善学生的动作技能水平。

（5）考核课。这项课程的主要目标就是对学生的学习效果进行检验，考核的同时，要特别注意如下几个方面。

首先，学生必须对考核的目的、标准和需求有清晰的掌握，这是教师的教学任务。

其次，在考核开始之前，教师应当要求学生复习考核内容，同时做好各种准备活动，进而促使学生将自身水平发挥得淋漓尽致。

第三，为保证考核的准确程度，同时有效提升考核效率，建议一个教师考核两个学生。

（二）健身房健美操课

一般来说，健身房健美操课会依照学院的实际能力与水平来划分。

1. 初级课

这项课程对于初学者来说，非常关键，课程的目的就是对基础动作和技能进行锻炼，动作比较简单易学，教授的次数很多，速度较慢，学生不需要具备很好的身体协调性，同时主要动作是低冲击力动作。

在初级课教学时，需要注意的内容如下。

（1）学员要对各项动作的名字和指示都有所掌握。

（2）指导员的示范要正确，示范要让学生一目了然，便于掌握。

（3）学生要通过老师的传授，了解健身和健康、运动和安全，饮食和营养的相关文化知识。

（4）动作的编排要在基础动作的前提下进行，每个组合动作包括的节拍为32个，组合动作的构成不能超过四个单个动作。

（5）动作的移动方向为前后左右四个方面，同时也可以加入垂直的角度转变。

（6）音乐在速度上有一定的标准，通常每分钟的节拍保持在130拍—140拍最佳。

（7）教学方式通常使用不同的方式来进行，包括递进式、金字塔式等。

2. 中级课

这项课程通常在基础底子好的学生当中开展。详细的说，这项课程的开展前提是初级课程的开展，健美操的动作具备多变性、快速性、高标准性，同时主要动作是低冲击力与高冲击力有机结合的动作。

在中级课上，需要注意的内容包括以下几点。

（1）动作设计应当变化多样，能够让学生感受到一些个性鲜明的动作风格，使得课程更加有趣味，但不可以太过复杂，不可以向学员施加过多的重压。

（2）高低两种冲击力动作相互结合的同时，高冲击力动作不能太多。

（3）路线可以适度加入不同的形式，比如L形和之字形，甚至更加复杂的形式都可以融入进去，同时可以在线的路线上融入面的路线形式。

（4）音乐在速度上的标准保持在每分钟134拍—148拍最佳。

（5）教学的方式通常使用不同类型，包括金字塔法和固定动作法以及递加循环法。

3. 高级课

这项课程通常在基础底子特别好的学员之间开展。这项课程的重要特征是：锻炼内容复杂、动作多变、速度迅速、平衡标准高，主要动作内容包括高低冲击力的结合动作和高冲击力动作。

这项课程中，教师需要高度重视的内容包括如下几个方面。

（1）动作的设置要多变化，动作的方向和路线也比较复杂，同时兼有挑战性质。

（2）动作多变、繁杂，所以可以把动作进行拆分，先单个教学，最后再综合教学。

（3）因为高冲击力动作非常多，增加了下肢关节的受伤几率，所以要尤为关注这一方面。

（4）速度要保持在每分钟134拍—154拍最佳。

（5）使用的教学方式有很多种，包括递加循环法和固定动作法等。

4. 特殊课型

当今阶段，不管是国内还是国外，健美操课程的设置都要按照动作的风格、器械的类型和运动的人群为标准。特殊课型依旧需要根据学员的能力与水平，划分出初级课、中级课以及高级课。

三、健美操课程的结构

（一）学校健美操课的结构

当今社会，准备、基本和结束部分都属于健美操课程在学校里的常见结构。这里以90分钟的课为例加以分析。

1. 准备部分

（1）时间：通常是20分钟左右。

（2）任务：一方面，用最短时间来组织学生，使学生注意力集中起来，为完成本次课的教学任务做好心理准备和精神准备；另一方面，做好身体方面的准备活动，促使学生身体的所有器官系统逐步过渡到工作状态，促使学生身体不同运动器官和关节、肌肉、韧带为完成大幅度运动做好充足准备。

（3）内容：一方面是课堂常规，主要内容有考勤，宣布本次课的内容与任务，提出相关内容；另一方面是一般性准备活动，往往会通过热身操的方式产生，普遍的内容涵盖了基础步法和手臂动作的组合动作，还包括普通的韧性锻炼。

2. 基本部分

（1）时间：时间一般都维持在一个小时上下。

（2）任务：关键性任务是复习旧内容与学习新内容，主要任务是对学过的知识技能进行巩固和加强，合理提升学生的综合能力，锻炼学生的全面素质。

（3）内容，包括如下四点。

①单个动作：身体基础形态、每个部位的基础动作、基础步法、不同跳步动作、不同基础技巧。

②组合动作：身型体态组合、基本动作组合、乐感培养。

③成套动作：成套动作组合和表现力培养。

④素质练习：力量、速度、耐力等身体素质。

3. 结束部分

（1）时间：通常是10分钟左右。

（2）任务：一方面是整理练习，促使学生机体逐步恢复为安静状态，使学生血液循环得到有效改善，加快学生机体代谢产物的运输速度与清除速度，有效缓解学生的机体疲劳；另一方面是简要完成课程归纳，安排课后任务。

（3）内容：完成部分的重要内容包括伸展性放松锻炼、呼吸组合锻炼、意念放松练习、局部按摩放松练习。

在健美操教学过程中，健美操课的结构还包括很多其他形式。但是，不管教师选用哪种形式与结构，都一定要和人体生理功能变化规律相吻合，参照课的任务、练习任务以及学生特征来做出具体安排，从实际出发，努力追求实际效果，始终坚持有助于完成教学任务的原则。

（二）健身房健美操课的结构

开始部分、中间部分、结束部分是健身房健美操课的常见结构。具体来说，开始部分与结束部分往往由热身与整理组成，中间部分的变化比较大。以中间部分的变化情况为依据，能够把健身房健美操课的结构划分为三段式结构、四段式结构以及五段式结构。

在三段式结构中，热身占10%—20%，有氧操占60%—80%，整理与伸展占10%—20%，其中有氧操部分往往由有氧拉丁、有氧搏击以及有氧街舞组成；在四段式结构中，热身占10%—20%，有氧操占40%—50%，肌肉调整占30%—40%，整理与伸展占10%—20%；在五段式中，热身占10%—20%，有氧操占30%—40%，肌肉调理占20%—30%，柔韧（瑜伽）占20%—30%，整理与伸展占10%—20%。通常情况下，中间三段往往由有氧操练习、一段力量练习和一段其他形式的练习组成。

以上就是最常见的健身健美操结构形式，中间两段往往由一段有氧练习和一段力量练习组成。有氧操部分应该属于不同类型和方式的锻炼。对肌肉进行整理指的是健身房健美操课程当中，通过身体的本身重量和不同器械构成的肌肉阻力锻炼，也是我们经常提到的力量锻炼，但与竞技健美操中的力量锻炼方式不一样，主要是为了对肌肉的力量和耐力水平进行提升，维持肌肉的基础能力，对发展不协调的肌群进行改进，同时对肌体的外部形态进行调整。进而让身体机能维持在最好的状况下。肌肉调理的练习内容主要有上肢、躯干和下肢三个部位的肌肉力量练习。在有氧练习后和力量练习前应有一个简短的整理。

四、健美操课程的组织和实施

（一）课前准备

1. 课程设计

结合学员的情况和特长完成课程构想，应当是教师健身课准备的首要工作，具体有安排课程强度、选择课程类型等。教师应当挑选自己擅长的课程类型，尽可能表现出自己的优势，高质量地完成每节健身课。在课前准备环节，最重要的任务是全面掌握学生的情况，从而科学安排课的内容和强度。

针对初学者以及健身课参与者来说，课的内容应当是基本动作，各项动作比较简单，重复动作相对多样化，不是特别注重对身体的平衡性能的培养，锻炼的动作通常以低冲击力为主；针对技术基础比较扎实、身体协调性较好、身体健康的参与者来说，课的内容应当是动作变化多样、高冲击力动作和低冲击力动作有机结合，主要动作应当是中等强度的动作；针对技术水平较高且身体素质良好的参与者，教师应当安排相对负责且变化多样的课的内容，选取运动强度较高的动作。

2. 音乐选择

在确定课程种类后，再根据课程种类的要求及自己对音乐的把握选择音乐。不同的课程所要求的音乐是不一样的，拉丁舞健身所采用的音乐是以拉丁风格的音乐为主如恰恰、桑巴等风格的音乐；街舞健身所采用的音乐是动感十足的HIP-HOP音乐；而传统健美操音乐一般采用DISCO音乐。因此，不同的课程种类决定采用不同的音乐。在确定课程种类后要做的第一件事就是要进行音乐的选择。同一种风格的音乐表现手法也不一样，决定着动作设计的变化手法也不一样，因此在选择音乐时必须根据自己对音乐的把握程度进行筛选，尽量选择自己能够很好把握并能通过自身动作很好表现的音乐。在做完以上工作后，最后根据课程的构思整理音乐。例如，课的热身部分应当预留多长时间，选用什么样的音乐；课的基本部分应当安排多少内容，分别安排多长时间，选用什么样的音乐；课的放松部分应当安排多长时间，选用什么类型的音乐等，选用音乐时一定要选取课的构思，从而有效整理各个部分的音乐。

3. 动作设计与编排

教师完成课程设计和选择音乐这两项工作之后，应当着手对动作进行设计与编排，这同样是课前准备工作中的一个关键环节。在运动生理学中存在"用进废退"的原理，这项原理同样适用于健身锻炼过程中。具体来说，健身锻炼就是将身体不同关节的灵活性、肌肉的韧性和伸缩性进行锻炼和提升，身体的全部部位都一起进行的一项健身活动。

因为动作是各种健身项目里面最重要的因素，因此，动作越正规。越科学，就越接近健身目的，否则就会达不到标准，还有可能对人体形成损害。美妙的动作能够让人身心愉悦，带给人们视觉上的享受，同时还会减少疲劳感，如果动作不美观，人们就不会继续观看，甚至会对这项运动产生厌恶感。

动作本身具备多种不同的因素，最为关键的分别是位置、节奏以及过程，位置主要有人体相对空间的地理位置，双腿和双臂对于身体的空间位置等，所谓节奏，指的是动作彼此连接以后，产生的时间关联，整个过程涵盖了动作的路线和动作的方向两个方面，详细的说，就是动作之间的接连过程中肢体的运动路线。还有，动作自身的首要元素就是时间，也就是连接经过中用到的时间。

健身操使用的动作必须对身体健康有益，符合人体的发展规则，动作一定要安全无害，但是有损健康的动作必须要被严禁应用。当前健身操的方式要形式多样，正规合理的利用这些动作，能够加强人体的健康程度。对这些动作的规律和作用进行了解，是创编者一定要做到的，原因是健身操的动作在整个运动当中，占据中心位置。了解这些知识以后开始进行动作的设计与编排。健身操动作的设计与编排应遵循以下指导思想及创编原则。

（1）健身操创编的指导思想。健身操运动的目的是让人的身体更加健康，对动作进行创编的同时，不但要对详细的操作有深度的掌握，还要对整体的指导思想有清晰的认识。健身操动作进行创编的时候，要有如下几点创编意识。

①健身性。这种意识属于创编过程中最应该拥有的理念，所有的动作和创编必须以它为中心慢慢展开。健美操的目的是为了将人的健康水平提升到较高的水准，同时提高人体的运动素质，改善人体的身体姿态。健身操是一项有氧运动，这种运动可以让人体的多项体系都得到能力的提升，并且，利用有氧运动可以让脂肪得到很好的消耗。

要想保证人体健康，就必须让人体的每个部分都受到全面的训练。按照人体的生理学特征，想要对身体的各个部位进行锻炼，应有意识地使各个关节进行不同的活动，可是活动不是越多越好。所以合理的使用各种关节动作可以完成身体健康的目标。

对于健身教练来说，一定要了解每个动作能够对哪些肌肉个体或群体起到作用，同时还要了解肌肉做功的基础道理。

②安全性。这种意识是健康得到保证的基础，并且属于大部分人服务和发展得到保障的基础。所以，创编过程中，一定要围绕着健康为中心，防止教学的方式和方法对身体造成伤害，对于那些可以发展人体健康的教学方式和手段要积极推行。

教师要想达到安全性要求，需要做的是：首先，保证采取有氧练习，防止无氧运动产生；其次，严格遵循人体自然运动规律，坚决反对和人体的自然动作不相匹配；第三，尽量避免关节之间形成的冲击，对关节进行保护；第四，避免肌肉的牵拉幅度超大，防止肌肉发生损害；第五，教师应当保持奋发向上的精神状态，从多方面体现人体良好的精神状态。

③身体全面发展。就身体全面发展来说，不但是创编健身操的一项重要思想，而且是保障人体健康尤其是均衡发展的一项关键条件。

④娱乐与艺术性。健身操不同于其他运动项目，在于它有很强的娱乐性与艺术性。人们在锻炼身体的同时，身心两方面都能感受到快乐和放松。对于健康而言，世界卫生组织（WHO）有正规的定义："健康无论体现在身体上还是精神上，都是非常饱满的状态，而且具有出色的适应能

力,不单单是没有病痛和没有精神的状况"。按照这个定义,可以将健康看成为首先在生理上获得健康,其次在心理上获得健康,最后在思想品德和适应力上获取健康。好听的音乐可以良好的对人的情操进行陶冶,优美的肢体动作可以让人感受美,享受美,动作配合音乐的状态下,通常可以将人们的压抑心理发泄出来,进而获取良好的心理状态。

(2)创编健身操要有技术性。对动作进行创编的时候,想要保证动作的科学有效,就要按照一定的规则和程序,这是完成创编的必经之路。

①科学的整体动作构成。健身操课的结构往往由三个元素构成,主要包括热身、基础活动、放松调节三个部分。热身的目的是让身体从安静状态慢慢过渡到活动状态,为接下来的激烈活动做准备,可以有效预防身体关节受到损伤,同时给接下来的活动环节做好思想准备。制定热身部分的内容可以以整套健美操的目标和构成作为标准,通常涵盖了呼吸和动作相互结合活动和普通的伸展和关键活动等。

基础运动的部分在锻炼当中占据最重要的位置,锻炼的基本内容包括关节的运动和肌肉的锻炼,进而合理的对热能进行消耗,完成锻炼使用的基本方式主要包括操化动作、软垫锻炼、步法和跳跃等。基本活动部分的主要目标是增强运动负荷,利用能量消耗来减少脂肪,进而提高人体运动的基础能力,合理改进心脏器官的能力。教师对肌肉锻炼进行创编的同时,需要让锻炼和拉伸轮流进行,相互结合,进而防止肌肉产生僵硬化加强的现象。

放松调节部分的内容通常涵盖了放松和伸拉两个方面,这个部分的主要目的就是对身体进行放松,慢慢减少运动负荷,让身体逐渐过渡到锻炼之前的状态。各个部分的运动强度不能突然增强或突然降低,要对连接动作的设计有关注重,让运动强度慢慢发生改变。

②鲜明的针对性。创编健身操的过程中,创编者首先要对学生的身体状况和学习能力有深刻的了解,主要包括身体是否有重大疾病,尤其是不应该进行运动的疾病,比如运动性疾病和缺陷等,身体状况包括力量和灵活度等,除了身体状况,运动能力和心理状况以及周围环境等方面都应予以考虑。

③动作保持次序并连贯。在健身场地或者是群体性锻炼的时候,健

美操训练者人员流动很大，非专业锻炼者很多。通常情况下，教练都使用持续的教学方式引领学员练习健身操，在创编这类操时应注意有顺序地安排动作，让动作彼此间产生规律性和连续性，方便锻炼者快速并顺畅的接收和掌控动作。尤其是步法的连贯性，只有步法顺畅并连贯，同时符合规律，才可以让训练顺利的进行下去，并且还能够降低运动损伤的产生几率，进而可以顺利的完成锻炼的目标。

有秩序，有规律，指的是活动部位有秩序，有连贯性，同时动作彼此间的连接有秩序和规律。想要让学生更好的完成学习过程，并对学习内容有全面了解，就要求教师在创编的同时，有目的的对动作进行拆分讲解，推动动作达到有序流畅的要求。健身操的动作主要由步伐配合上肢运动和躯干运动组成，在形成一个复合性动作时能够将其划分成若干个单一动作，之后再逐步进行组合。

想让动作正规有秩序，首先要对动作的类型组成进行掌握。第一点，要掌握步法。步伐的顺畅可以维持身体的重心，保证其不被破坏，假如身体的重心在运动中稳固下来，对动作的流畅性就能很好的进行保证。步伐的方式通常有如下几种：两脚一起运动、两脚交换运动、两脚多次运动。在步伐与步伐的交换当中，最重要的是重心的转变。第一，身体重心在两脚之间轮流转换，例如两脚跳动、开合跳等步伐，这些步伐在连接下一步伐时能够随意进行选取。第二，重心不准的时候，重心发生偏离的时候，假如连接下一步伐则使用另一只脚（排除故意重复应用同一只脚有意多次使用同一侧脚）。第三，手臂的动作。这项动作的运动方式和运动幅度更加繁复和多变，不过总结之后主要有几种类型，包括对称性、不对称和单双手运动等，运动方式包括伸展、上举、摆动和环绕等。一般状况下，对称运动更加容易被学习和掌握，假如在动作发生的同时，可以进行适度的停歇，那么动作就更容易被学生掌握和理解。教师需要按照一定的规则地运用这些形式。在整套操产生特定规律之后，教师应当要求锻炼者尽快掌握动作，从而有效强化锻炼的实效性。

④合理的运动负荷。在创编健美操的过程中，控制运动负荷是极为关键的。健身操应当将运动负荷的强度维持在中小范围之内，进而给运动当中对氧的吸收和消耗带来保证。想要符合锻炼的最佳标准，就要把锻炼的

负荷维持在相应的范围之内。对健身操运动进行锻炼的同时,要将最高心率控制在一定范围内,对最高心率的计算方式为:220-年龄=最高心率。

通常来讲,动作速度、重复次数、时间、动作幅度、肌肉用力因素会对运动负荷产生影响。在同样的时间段里,速度、重复次数、幅度和力度数值越大,运动的强度就会越大;反之,同理。假如维持动作的速度、幅度、力度、时间、重复次数的数值越大,强度就会越大;反之,同理。

教师在设置健美操运动负荷的时候,必须推动运动负荷的缓慢增加和降低,并且在负荷改变的同时,形成曲线上升和下落的现象,整体呈现为正向曲线,整套健身操中允许出现1次—3次高峰值,当产生多次峰值时每次强度应当是不同的。锻炼时间越长,则产生多次峰值的可能性越大,反之就越小。在国际上,一般会把俱乐部锻炼时间控制在45分钟—60分钟,我国部分俱乐部将锻炼时间控制在60分钟—90分钟。就步伐强度来说,主力腿腾空高度、动力腿动作幅度、肌肉控制力度、动作速度都会对其产生影响;就手臂动作强度来说,具体就是以肩为点从下往上逐步强化,动作幅度和动作速度同样是控制强度的关键性因素。

⑤动作风格与音乐风格的统一性。强调创编带来的艺术性和创造性,同时在创编的过程中保持动作和音乐的风格相符。健美操综合了很多种不同类型的运动特征,是一项体育运动,它的重要特征之一是具有强大的娱乐性和表达性。所以,合理的融入其它运动项目的动作,同时创造全新的动作类型,在创编中是必须要做到的。

现代健身操起源于20世纪60年代末、70年代初的美国,70年代迪斯科舞蹈盛行于美国,后风靡全球。健身操最初把迪斯科与体操动作融为一体,并运用有氧运动的锻炼原则独树一帜,迎得了众多人的钟爱,主要原因在于它独有的娱乐性与健身的实效性。尔后健身操融合了越来越多的舞蹈动作与独创动作,形成了不同风格,不同类型的健身操。使锻炼者从中得到了无比的乐趣与益处。健身操融合了多种运动类别,所以它有很大的包容性。同时吸收性也很强,可以快速接收全新的舞蹈类型和动作类型,只要对身体锻炼有益都可以被接纳。这是和健身市场与人们的需要分不开的,也是健身操发展的原动力。由此可知,衡量创编者优劣的关键性标志是其选用舞蹈素材与其他运动项目的动作和独创性。

（二）教案撰写

在每次课之前编写教案能够让课前准备更加充分，促使教师对教学的自信心更强。在某些情况下，一名健美操指导员往往同时教授几种课程，通过撰写教案来记录每次课的教学内容，将会给健美操教学带来很大的便利。除此之外，坚持记录动作组合编排对提升健美操指导员的创编水平和提升授课质量都有积极作用。撰写健美操课的教案应当涉及的内容有目标和任务、教学内容、教学方法、教学要求、时间分配。

（三）设施准备

教师要在上课时间到达之前，提前到达，时间提前大概在十分钟左右，到达现场之后的工作内容包括：首先，查看音响设施和场地情况的标准程度，如果发现问题，要马上进行处理；其次，将上课用的设施器械准备好，摆放的位置应该选取不影响另外课程的开展且方便取放为宜。

（四）沟通

在课前准备中要做到指导员与学员的沟通，了解学员的一些基本健身史、伤病史等，以及学员喜好的课的类型，以保证授课的质量。

（五）课堂组织

1. 课前交流

在正式上课以前，要利用几分钟的时间对当堂课的内容、特征和目标进行简单的介绍，让学员有所了解。同时，如有新学员，应适当打个招呼，不要让新学员感到陌生和受到冷落。假如这次课程是首堂课程，或者学生都是新来的，教练就要第一个进行自我介绍，让健美操课分为学校健美操课和健身房健美操课。

2. 练习队形与示范位置

练习的队伍形状要按照锻炼的人员数量和场地的大小来决定。学员之间的间距要适度合理，每个学员的运动幅度应该维持在两米左右，保持学生之间举臂的时候不会碰到彼此，前后距离可以进行插空为宜，这样的情况下，学生不但自己有充足的活动范围，还可以清晰的看到教练的动作和表情，对于学员和教师之间的相互交流非常有利。在进行器械练习时，应根据器械的特点和大小适当增加练习队形的间隔距离。在取放器械的经过里，健美操指导者要对学生的动作进行指引和组织，提升学生的锻炼效果，并且努力避免伤害事故出现。教师演示的位置要由学生是否能够看到为依据，进而给指导和观摩提供便利。在现阶段，部分场地设置了示范台，为教师上课带来了很大的便利。当未设示范台时，应当借助调整队形来促使所有学生都可以观察到教师，这是保障练习效果的一项重要因素。如今，循环练习课、力量练习课等在其他国家十分盛行，要求健美操指导员走到学生中间展开交流和指导，这种方式有助于指导员处理个别和集体之间的关系。

3. 教学形式

健身健美操课程使用的方式通常都是锻炼的方式，原因是，有氧锻炼的运动标准是强度保持中低程度，时间保持在长久的标准。课程进行当中，主要的标准是让学员的心率维持一定的速度，保持不变，让心率维持在最佳范围之内。所以，集体锻炼变成最有效果的，使用范围最广的锻炼方式。

进行集体一起锻炼或者是单独锻炼，是集体锻炼的两种不一样的锻炼方式。集体一起锻炼也就是全部的学生一起做一样的动作，它的特征是动作简单易懂、指挥方便，可以完成练习的强度和密度规定的标准；它的缺点是，方式过于单调，会让学员觉得乏味，进而不再对锻炼有动力，这就要求教练要注重对学员的交流和鼓励。集体分组锻炼指的是将学员组成不同的小组，一起或者是轮流进行不一样的动作。这种锻炼涵盖了循环锻炼，和融入不同队形转换的锻炼方式。集体小组锻炼让学生之间的相互配合和联系更加密切，让锻炼更具有娱乐性，同时把教师的主要工作从单方面领操转移成了课堂的组织，由此健美操教师需要达到更高要求。

对于一堂健身健美操课来说，可以将集体同时练习和集体分组练习有机结合起来加以运用。例如，热身和整理锻炼的同时，能够使用集体一起锻炼，在中间的锻炼环节应该使用集体分组锻炼，进而可以让课程组织更加丰富和充实，让学生的动力和训练成果取得高度的上升效果。

4. 观察与调整

虽然所有的健美操老师在上课以前都会有一定的设想，部分教师甚至已经写好了教案，但健美操教学课程中，依旧需要及时观察学生的练习情况，同时参照具体情况来及时调整动作难度和教法等内容。由于学生的身体情况和情绪是不断变化的，也可能指导员原先的信息来源与事实有出入，设想不一定符合当时的实际情况，也许个别人有特殊情况需要特别的照顾，总之应使课堂上所有的学员都感觉良好，没有人跟不上你的动作，也没有人感到枯燥，这样才能保证课的效果。因此细心的观察和及时的调整对一堂成功的健身健美操课是非常必要的。

5. 激励

采用各种各样的方法及时对学员进行激励是健身健美操指导员应具备的思想。整节课程中，都应该存在着激励方式，不管学员的进步程度如何，教师都要给予赞许，让学生清楚自己的学习状况，加强学生的锻炼信念，支持学生往更高的锻炼方向奋斗。

（六）课后交流与总结

1. 交流与反馈

讲课完成以后，教师不能马上离开，要在场地内和学生进行沟通，便于学生随时了解学生的状况。

2. 总结与改进

教师将自身感觉和学生的状况当成依据，随时评定和总结上课状况，对优势进行赞许，对不足进行指导，找到不足之处，并制定相应的解决办法，向接下来的授课完善提供依据，由此持续提升教师的能力以指导效果。

第三节 健美操教学中的学生人文素质培养

一、健美操教学中实施人文素质教育的现状分析

（一）教学现状分析

1. 健美操课程设置现状分析

受过调查的一些学校里面，全部的学校都设立了健美操的必须课程和选修课程，这种现象表明越来越多的高校师生认识到了健美操课程的深远意义。截至当前，高校经常采用的形式为在前两个学年设立健美操的课程类型为选修类型。可是，每个学校设立的相关课程在学期数方面存在很大差异，同时教学的课时安排和学生的学习需求也不能完全匹配。

对教育的基础原则进行解析，可以得出结论，对人文素质的教育是潜移默化的经过。在学校的教育当中，将人文素质融入到教育内容当中去，应该通过健美操相关教学的每一个层面来慢慢渗透；在理论知识当中融入充分的曲调、乐曲和健身的相关理论；在对所学知识进行实践的时候，慢慢锻炼学生的坚强品格；通过对身姿的锻炼、乐曲的鉴赏等方面来加强学生的鉴赏能力，并提升学生的气质魅力；利用动作的改变、队形的变换等方面来锻炼学生的创造力等等。但是不管是基础理论的积累、坚韧品格的

养成、鉴赏能力的养成还是魅力的提高都需要经过长久的锻炼才能达成，必须利用有效的课时数的安排，来完成人文素质提升的目标。所以，个人觉得对教育规律的尊重，合理的增加教学的学时数量和长度，能够有效提升健美操教学的成果。

2. 健美操教学内容现状分析

从健美操的教学内容中包含人文素质教育内容的角度来讲，必须借助详细的教学内容安排来完成。这里将健美操课程教学分为理论和实践两大方面。

（1）教学实践方面。在教学内容中，这一方面占据中心位置，使用的教学形式类型多样。这方面进行的时候，利用健美操的相互关联，不仅可以帮助学生增强团队意识，而且有助于学生增强坚韧品格，属于健美操教学经过当中对人文素质进行教育的关键环节之一。

调查结果显示，有氧健美操套路、搏击健美操等多项常规项目仍旧是高校健美操课程中大范围开展的项目，拉丁健美操、有氧舞蹈等相关项目提升了广泛学生的学习兴趣，可是在水上进行的健美操以及利用踏板进行的健美操并未得到大范围展开，因为竞技健美操动作非常复杂，难以掌握和学习，所以很多学校都没有增加这项课程。

对人文素质的教育任重而道远，涵盖很多方面的教育内容。可是先进学校的实践课程中，内容过于单一，因为教学地点和设施的保守，大部分项目都不能顺利进行。但是全新的运动项目通常可以激发学生的学习动力和主动性。学生有兴趣才可以有学习的动力，特别是对有想法、有特性的当代大学学生来讲，激发学生的学习兴趣可以有效地达到学习的目的。另外，增加全新的学习内容，对于打开学生的视野，锻炼学生的创造力来讲，有很好的提升效果。所以，学校有关健美操的教学设施以及教学场地应该加大力度进行建设和维护，为教学活动的开展，以及对学生人文素质的培养，带来优质的条件。

（2）教学的理论方面。实践在理论的带领下，这项课程能够让学生完全了解健美操的来源、特性、规律和训练方式等，并且在这项课程上融入了健美操的乐曲鉴赏内容和相关背景文化内容，不仅可以加强学生了解和掌握动作的能力，还可以增加学生在人文素养和知识方面的累积数量。可是，经过调查，可以得知，仅仅少数量的学校设立了健美操的理论课程内容，因此可以看出，健美操理论课程常常被忽视被轻视。

在很多学校，都有不够重视健美操理论课的现象。许多教师只是单方面觉得，"健身"是健美操的目的。但学校是提升学生人文素质的关键领域，对学生进行"健心"，必须要多加关注健美操在这个方面的功能，想要得到这一效果，必须好好开展理论课程。第一，这项课程里，可以教授许多和健身、安全、营养等有关的内容；第二，对健美操的产生和环境进行了解，可以让学生对健美操的美感和意蕴得到更好的认识；第三，理论课的课堂上，学生在老师的指引下对音乐进行鉴赏，通过这种方式能够大大锻炼和增强学生的鉴赏能力。第四，教师对健美操的汇总和创编进行讲授，能够给大学生对健美操的创新打下坚实基础。

3. 运用现代化教学方法和手段的现状分析

经过调查可以得知，很多学校都使用传统的教学手段，也就是传授方式和演示方式的教学手段，只有一小部分的学校使用的方式比较现代化。利用现代化方式进行教学通常涵盖两种原因：一个是学校教学条件不够先进，另一个是教师的教学能力不达标。

对大学生进行人文素质教育的时候，这项教育含有潜在性特点，原因在于大学生已经拥有一些基础理论的积累，进而产生原始的三观理念。面对大学生的现实状况，传统的教育形式已经不适合对大学生进行教育。所以，在健美操教学中加入人文素质内容，必须和大学生人文素质教育的隐喻性相吻合，尽量减少说理式方法的运用次数，积极运用间接和内隐的方法。由此可见，健美操教师应当积极运用多元化教育形式，积极使用现代教学形式，合理减少学生的学习困难。

4. 健美操的考核内容和评价方式

对教学进行改革的同时，也要在考试方面进行整改，这样才可以提升教学成效，进而完成提升学生素质能力的目标。调查结果表明，当今学校针对健美操课程的测评，仍然过多的关注动作方面。对于人文素质方面来讲，更加看重学生综合能力的提升。仅仅对健美操的动作做出测试，没有利用对健美操的创编来提升创造能力，也不侧重对基础理论的测试，这种测试方式对于人文素质教育来说，非常不利。这样的考核内容和方式，不利于对学生的学习兴趣进行激发，忽略了对学生基础能力的锻炼，内容和方式过于单调，没有变化，千篇一律，没有针对性和目的性。

面对这些问题，需要教师对学生进行不同方式的考核，达到因人而异的考评形式，了解学生真实的学习效果，进而指导学生对健美操进行鉴赏和创编，并且把这些内容归为测评项目里面，虽然含有相关难度，不过依然是利用健美操课程提高学生人文素养的有效方式。

（二）教师现状分析

1. 高校健美操教师自身专业素质现状分析

体育老师指的是所有学校中，进行体育教育专业人员，进行不同形式的体育教学的组织人员。体育老师要对健美操相关内容进行掌握，提升自己的教育水平，健美操老师应该利用不同的形式对自己的专业教育水准进行提升。健美操老师的教育水平如何，可以影响学校体育教育的完成效果。高校健美操教师指的是，工作的地点在高校校园，工作的任务是传授健美操相关知识技能，职务是体育类老师。经过调查和实践，可以得出结论，高校中的相关健美操教育水平还需提升，在学校条件和教师能力允许的范围内，学校应该对教师的工作进行大力支持，帮助教师提升自身的知识技能水平，进而完成充实健美操教学内容、提升学生学习动力、增强学生人文素养的目标。利用闲暇时间，学校应该设立专业的培训部门，带领教师主动投入到对知识技能的学习当中去，多多参加学术探讨和经验总结活动等，帮助教师利用课外时间增强自身的知识储蓄。

2. 高校健美操教师自身人文素质现状分析

教学组织者和教学引导者是健美操教师扮演的两个角色，拥有一支师资队伍是健美操教学中实施人文素质教育的基础和保障。调查得出，40%

的学生觉得教师不具备与时俱进的教学观点，会让学生对健美操的学习产生重重阻碍，将近30%的学生认为老师的教育方式不合适，20%的学生觉得健美操教师有能力欠佳的问题。

通过调查得出，学生对健美操教师的要求主要反映为：拥有指导学生投入到训练活动当中去的作用、具备良好的专业品格、老师自身具备高水准的人文素养。第一，想要学好人文素质，必须先保证优良的道德素质，但是教师本身拥有超高的专业水平，让学生可以学习和模仿，给学生带来潜移默化的教育成果。第二，教师自身的人文素质如何，会影响教师对美的鉴赏能力，想要给学生传授人文素养，教师要从自身做起，才能起到良好的教育效果。但是当今学校对教师的教育能力进行评价的标准中，比如学历高低和职位高低等，并不能够对教师起到准确的评价效果。健美操教师对人文素质进行教育的同时，要采用合适的方法，不但要对健美操内容进行讲解，还要建立教师在学生心中的形象，将教师的人文素质展现出来，利用自身的榜样力量，让学生热爱健美操，通过健美操运动让自己的身心得到锻炼，并且，综合各种专业的优势，让大学健美操和相关学科内容综合在一起，调动学生的学习动力，增加学生的知识层面，让学生拥有完善的知识体系。

（三）学生现状分析

1. 学生对健美操学习态度和学习动机分析

经过调查可以得知，大部分学生学习健美操课程是因为功利目的，如有56%的学生选修健美操的原因是其学习难度小、更容易获得理想成绩。学生常常会只重视学习专业知识，没有对培养身体和人文素质投入应有关注，因而教师应当采用多种措施来提升学生学习健美操的兴趣，立足于多个层面来展现健美操运动拥有的奥妙，尽量在健美操教学里融入人文教育，不仅应该让学生真正了解健美操运动的各种知识技能，而且要促使学生形成健康体魄和正确的科学观和世界观。

除此之外，调查发现绝大多数同学喜欢拉丁类、有氧类及健身类健美操类型。面对这样的状况，健美操教师应该根据学生的喜恶对课程进行调整，进而让学生从内心深处热爱这门运动。并且，对理论知识进行讲授的时候，应该加入和健美操相关的背景知识和音乐鉴赏等。这样能够让学生最大限度的了解健美操带来的文化知识和精神意蕴，这样的教育方式是众多教育方式中最有效的方法之一。

2. 学生自身人文素质现状分析

经过调查研究，结合教师的教学实践可以得出结论，大部分学生只是单纯的学习书本上的理论知识，因为侧重对理论知识方面的学习，所以有关健美操的人文素质教育和三观教育的课程知识，学生完全忽略掉了，导致学生偏科现象严重。知识体系的重心出现严重偏差。这种情况必然和学校的唯分论存在密切联系，学生本身忽视了人文素质教育的重要性也是一项重要原因。

综上所述，可以将健美操教学中实施人文素质教育的主要问题归纳为几个方面：第一，教育者没有高度重视；第二，健美操教师的素质还需要进一步提升；第三，评价手段单一化；第四，课程体系还需要进一步完善；第五，学生参与的积极性还需要进一步提高。

二、健美操教学中培养学生人文素质的方法

（一）认识与肯定健美操的人文素质教育价值

对人文素质进行教育，任重而道远，不但需要政策和资金上的扶持，还要在场地选择上和课时规划上做出准确的选择。经过调查，可以得出结论，健美操教学的课时规划的不够充分，教学条件也不优良。教育改革的出发点，是围绕着素质教育和科教兴国慢慢展开的，健美操运动的特性可以将相关的具体特性带动起来，展现出来，特性中包含了大众性和娱乐性等，健美操对推动学生身心发展和培养人文素质都有很大的推动作用。教师必须尽力取得教育部门的特别关注，让教育相关部门对健美操的影响和

作用进行认知，将以往的教育观点进行调整，不再过度仰赖两课的教育理念，力求给健美操的开展带来政策上、财力上和地点设施上的支持，加强对课时的安排力度。应该将学校内的教学指导理念进行改变，将以往的"唯生物体育观"转为"多维体育观"，这种体育观是由身心和外界环境等因素共同组成的。想要扩展健美操在校园文化建设和人才教育成长等方面的作用，学校应该将健美操的优质理论和实践人才聚集起来，理论和实践相互结合，让理论教育得到改进，并且加强教学在实践内容上的力度和时间，扩展健美操项目体系的内容和作用，将健美操运动更加具备中国特色。

（二）构建人文素质教育的健美操课程体系

相关研究表明，高校健美操教学的课程系统还应该进行深度改进。高校健美操课程系统必须同时展现强身性、知识性和鉴赏性，在全面发展的指引下，进行思想教育，让学生建立起正确的三观理念。将高校的健美操课程内容进行合理的安排，比如，有目的性的利用不同的课程类型把相关内容融入到大学的体育课程里面去，建立与时俱进的、具有人文素质内容的大学课程系统。健美操课程安排必须具备知识性、融合性和预见性，注重知识的逻辑性、体系性和组织性，主张师生沟通交流。不断进行创新改造，转变以往单调乏味的灌输方式，打破传统约束，打造一种和学生爱好和特性紧密联系，展现学生优势、强身健体、加强心理能力和锻炼鉴赏能力、锻炼大学生综合进展的全新类型的健美操课程的教学内容结构。

由此可知，学校应当合理布置对理论课程的教育内容，不但有利于学生对健美操运动的基础理论和技能进行掌握，并且对于学生提高对健美操运动知识和技能的掌握能力，非常有利。对健美操的实践内容进行教育的时候，教师必须在加强知识技能的讲解和基础技能锻炼的前提下，带领学生掌握总结性、适应性、转变性都非常显著的健美操特性的技能动作，进而推动学生对健美操的基础能力进行整体掌握的速度，对学过的基础动作做出调节，进而让学生掌握使用学过的动作的能力和创造能力都得到提升。另外，必须增加健美操的教学项目，对健美操进行实践教学的时候，应该适度加入比较流行的、拥有时代气息的、不同类型的健美操内容，利用对这些全新内容的加入和教学，不但可以调动学生的学习动力，还可以让教学内容更加多变，更加丰富多彩。

（三）选择符合人文素质教育要求的教学方式

研究表明，健美操教学的教学手段还需要进一步完善。在高速发展的今天，随着崭新知识和崭新技术的不断涌现，科学选择和运用教学方式能够有效提高教学质量，健美操教学也是如此。对以往的健美操进行研究可以得知，学生对动作进行锻炼的时候，常常体现为整齐一致、步伐相同、积极维护课程秩序，在实践活动中对学生动作整齐和节拍一致的要求更高。然而，健美操教学不仅仅是让学生会跳健美操，更关键的是借助一定练习方式来对学生保持身心健康、锻炼优美身姿、培养优美体型、提升优良气质起到促进作用。

伴随大学生对健美操相关知识技能的了解，不一样的教学阶段应该使用不一样的教学方式，同时将教学方式慢慢过渡到自主学习方式。对于学生创造力和学习积极性的培养非常有利。课程快要结束的时候，老师对学生进行套路讲解和步伐及动作的讲解的时候，应该将学生进行分组，对动作进行创造和编排。根据从走到跳、从身体到肢体、从固定到转移、从慢变快、从简单到复杂、从上往下的编排规律，一个组别内的学生相互探讨，进而锻炼学生的创新意识。学生小组讨论形成以后，让每个组别进行单独展现，之后每组相互讨论不同小组的创编程度、动作配合的平衡性和连贯性以及动作组成的有效性。这样的情况下，每个学生都应该展现自己的优势和特长，创编独具特色的动作体系。不仅激发了学生的锻炼动力，也锻炼了学生的创新能力。经过课程的多次锻炼以后，可以加强学生最大程度的展现想象力和创造力，合理使用和搭配基础动作，自主完成音乐创编过程，进而打造成方式多样、独具特色的整套健美操或成段健美操，从多角度展现学生的联想能力和独立学习的能力。

并且，对考试内容进行合理的调整。健美操考试的终极目标是让各个学生的身心素质和能力都可以得到综合性的完善。为了让考试达到人文素质教育的目标，考试的内容一定要进行整改才行，加强能力项目在考试内容中所占的比例，利用对健美操能力的测试，让实践能力得到深度的提升。

（四）提高健美操教师的素质

研究表明，教师的一言一行和工作态度都对学生有重要作用，对提升学生的人文素质教育具有直接影响。教师要想在健美操教学中培养学生人文素质，就必须拥有扎实的专业知识、渊博的人文知识、优良的道德品质。

当前，我国一些学校的健美操教师的素质还是普遍低下，不具备先进的教育理念，缺少人文理论储备，教学方式陈旧等都是具体表现。由此可知，要想顺利实施人文素质教育，就必须从根本上提升健美操教师的专业水平以及人文素养。健美操教师对教学的成果和方式进行改善的时候，必须增强自身的人文素质，进而让学生更好的了解人文知识和技能，提升学生的主动性，加强学生的社交能力，提升学生的坚韧品格，加强学生的爱国意识和合作意识等。

具体讲来，健美操教师必须加强的素质涵盖如下几个层面。

1. 教学积极能动性

对健美操教学进行改进的时候，教师要尽量积极的找到教学中存在的不足，掌握学生的实际需要和心里想法。对健美操教师的师资进行培养的时候，要加大力度，并且加强对教师的主动性进行培养。对学生的学习和成长多加重视和关怀，让教师具备长久的稳定的工作主动性，将学生锻炼成为具备综合能力的人才。

2. 明确健美操教学意识

因为我国对健美操不是十分看重，健美操教师认为健美操只是单纯的体育项目，但是忽略了对人文素质的教育内容，所以提升健美操教师准确的教学观念可以提升健美操教师的综合素质。

3. 强化教师业务水平

健美操教师应当利用多种方式来提升教学能力。面对健美操老师身体素质的真实状况，学校必须大力扶持，大力加强老师的教学水平和全面能力，进而深度丰富健美操教学内容、让学生形成强烈的学习欲望、合理加强学生的人文素质水平。除此之外，学校可以大力支持教师在课外"充电"。人文素质教育并非短时间可以完成的事情，一定要厚积薄发，所以健美操教师需要重点提升自身的人文素养，在健美操教学中有效实施人文素质教育，促使人文素质教育渗透在教学的所有环节。

（五）拓宽参与健美操渠道

学生采取什么方式投入教学过程，可以决定健美操教学的成果如何，投入健美操活动的方式有很多种，排除课堂教学这种形式之外，通常还包括如下方式。

首先，对健美操校内俱乐部的建设加大力度。提升学生进行校外俱乐部健美操锻炼的能力，进而充实大学人文素质教育的内容和方式。举办内容多样、方式各有优势的团体活动和比赛项目，建立健美操团体组织等。让学生能够感受到多样化的健美操项目，提升学生对健美操的喜爱，加强学生长期锻炼健美操的意志能力。

其次，学校内的健美操比赛要定期举办，加强学生的比赛意识，竞争意识，让学生在比赛中感受健美操带来的快乐，培养学生的团队合作意识，让学生更具责任意识，加强学生的组织力，填补课堂教学的空缺，让大学人文须知教育的内容和方式得到充实，这样不但能够充实学生的闲暇时光，还对学生的身心健康的发展十分有利。

再次，增加健美操课外内容。利用课外活动来维持健美操课程的开展，确保学生得到充分的实践活动，学生按照自身的真实状况来活动，同时配合领操员体制,全面展现具备这一优势的学生的主动性。学校还应为健美操活动打造条件,提升教学品质,完善健身场地的设备器械,对健美操投入更多的关注,改进教师的教学能力,在和谐轻松的氛围下,进行教学活动。另外,学校可以根据需要,聘请专业的健美操教练,让学生得到更加专业的指导,从而弥补健美操老师在专业技能方面的不足,从而让学生的课外健美操训练的效果获得有效改善。

第五章　健美操的创编创新研究

健美操也是一项不断发展的运动，这就需要对健美操的动作进行改变和创新，达到与时俱进的目的。无论是在理论上还是动作上，都要具备创新意识和研究。

第一节　健美操创编概述

一、健美操的创编要素

一般来说，无论是教学的、表演性的或竞技性的健美操成套动作的编排，都应掌握如下几点要求。

（一）动作要素

任何一套健美操的组成都离不开单个动作的结合。单个动作是通过人体的每个关节和部位以及站立、俯卧和支撑等动作和多种方式的锻炼共同组成的。所有的单个动作又源于徒手体操和艺术体操，它是组成单节操和整套动作的前提条件，是整套动作的构成基础。

健美操活动中，最基础的动作是徒手体操的动作。这项动作也是由基本动作组成的。如果对徒手体操的各项动作掌握的不充分，进行的不准确，就不会正确、协调的将健美操动作进行下去。

对艺术体操进行锻炼的重要动作是身体的波浪动作。对艺术体操进行徒手锻炼不但可以提升人们的动作美，还可以让身体素质得到提升，让身体更具协调能力，进而提升整体动作的难度水平。

（二）舞蹈要素

健美操里的舞蹈动作融入了不同舞蹈的动作元素。所有舞蹈的四肢和躯干，头部和脚部，尤其是胯部动作，都给健美操带来了活力。可是健美操的舞蹈动作是根据体操的属性和自身需求，使用各种舞蹈的外部形态进行进一步的创造和安排，将体操和舞蹈综合起来，为了让身体的各个部位得到锻炼而设计的。

（三）音乐要素

对整套的动作进行创编的时候，必须有音乐的元素。动作编排一定要和整套操的音乐的曲调和情绪有效结合在一起，音乐在健美操内容中具有非常重要的作用，音乐不单单起到音响效果和节拍层次分明的作用。音乐展现了相应的情感表达和思想意识，音乐可以让人们在一定程度上达到思想上的同步。对健美操的动作进行创编的时候，音乐可以帮助创编者对这套操的风格进行确认，能够让创编者的意识得到启发，让创编者的灵感迸发出来。音乐是整套操的中心灵魂，如果抽掉这个灵魂，练习者做操时就显得毫无生机和激情，同时也就失去了健美操锻炼的意义。

（四）空间要素

这一要素通常展现在如下两个方面。

1. 方向路线

整套的健美操动作，都是由单个动作连接起来的，连接的路线和方向各不相同，通过这些路线的连接，健美操的动作才会形成整体性。假如在对动作创编的过程中，没有合理设定好方向路线，造成方向单调，路线固定没有变化，就算单个动作非常完美，也不会对整套动作起到任何美的作用。

2.队形变化及移动

这一要素是集体健身操中，必须注重一个要素。通常应用在6人操或集体操当中。一个动作的完成一定要以队形的方式展现出来，这一要素让集体操具备了与众不同的编排特征，是单个项目不能媲美的，集体操的队形变化和移动更加具有优美性和变换性。

（五）时间要素

在有限的时间内将编排的动作熟练掌握，是完成整套健美操创编过程的必要条件。在编排健身健美操动作或教学动作和表演性动作时，其时间的选择比较灵活，可长可短，取决于内容多少、难易程度、选择音乐的长短及任务需要等。而在创编竞技性健美操成套动作时则受时间的限制。单人、混双和三人项目一套动作规定时间为1分45秒左右，前后仅有5秒的宽裕时间。所以，时间也是创编动作的一种条件。

二、健美操创编步骤

（一）创编前的准备

准备要素有很多种：清楚创编的意义、责任、标准；清楚学生的各项素质能力；清楚训练的地点、时间、器械条件；掌握和健美操创编有关的相关资源。

（二）制定总体方案

对不同状况都有所掌握之后，清楚创编操的类型、难易程度、时长、速度，安排操的构造次序、关键动作类别和高潮的布置等。有了基础的创编想法以后，再对音乐进行剪辑，反之，音乐也能够启发编操者的想法，对总体方案进行调整和改善。最后，将心理的构思利用方案表的形式展现出来，这样可以对构思进行检查和调整，在此基础上，对下一步的动作，进行编创。

（三）编排与记录

遵循健身健美操创编的原则，按照总体方案逐节设计具体动作，并用快速记录和书写的形式，记录下来。

（四）练习与调整

根据编排好的动作，将锻炼进行下去。在锻炼经过中实行多方检查，包含健美操的运动量和运动强度的两方面的检测，还包括整体操的构造和次序的有效性和艺术性两方面的检测。按照检测试成绩、锻炼者的建议和表现以及创编者的经验调查，给编排的操做出适度合理的调节和整改。

（五）撰写文字说明与绘图

这一点的目的是保持保留的长久性，保持教学、探讨、沟通和出版的顺利进行。文字说明必须简单明了，用语准确，图象鲜明，方向明晰。记录的方式最好是图文同时使用。

三、健美操教学组合动作的创编

对健美操进行练习的时候，最普遍的练习动作就是组合动作。这项动作在不同学校的体育课教学中，以及对初学者进行教学时最常使用的动作教学形式。它是锻炼者在对多种单独动作有了了解以后，更深层次的加强技术动作，提升动作的平衡感、节奏感和展现能力的主要途径。

（一）教学组合动作的类型

按照教学组合动作选择的内容的特性，能够把组合动作分成单一类和综合类两种类型。

1. 单一型组合动作

这种动作是围绕着单独的技术类动作进行展开的，它的目的是对这项单独的技术类动作进行提升和加强，把同一类型的不同方式的单独动作转变路线、力度、节拍和跨度，根据相关的规律把动作连接在一起，在进行加强锻炼。如将髋部动作的顶髋、提髋、绕髋和绕环髋、行进间正反髋走等动作按一定的节拍和次数组合而成髋部组合，即属于这一类型的组合。在单一型组合动作中还能够使用一些简易的动作，将不同的单独动作连接起来，同时凸显出重要的动作。

2. 综合型组合动作

这种动作是根据不一样的肢体和动作类型创编组成的教学动作。它的目的是加强和提升各种类型的动作的技术和连接能力，让学生能够随时随地的对自己动作的节奏速度等，进行合理的转变。如将上肢和躯干不同姿势动作再配合下肢的一些简单动作组成的组合练习，即属于综合型组合。

（二）教学组合动作的编排特点

1. 针对性

对教学组和动作进行编排，必须按照教学内容和阶段的需求，进行有目标的，有区别的编排，选取的内容必须是已经学习过的并且已经掌握的个别动作和基本动作，目的是为了熟练、协调、连贯地掌握各种类型的身体动作技术和发展某种身体素质，为成套操动作打基础。

2. 重复性

为了巩固和提高已经学习过的个别动作以及整套操的动作，对教学组合动作进行编排的时候，这些基础动作必须在组合里不断反复的再现。如躯干和髋部组成的不对称动作的配合在组合中可以重复出现或改变身体姿势反复出现。

3. 集体性

因为教学的课堂上，学生数量比较多，课时比较短，对教学组和动作进行锻炼的时候，往往使用集体练习的方式，编排的同时，可以使用不同的集体练习的方式，一种是体操的队伍类型，保持位置不变，或者进行轻微的身体移动，但是对队形没有任何影响，这种锻炼方式适合多数人同时进行；另一种是有队形变化的集体练习的形式，这种方式可以分成6人一组或12人一组进行练习，一般在教学的提高阶段采用这种练习形式。其目的是加强队员的团体合作意识。

4. 音乐的节奏鲜明性和完整性

想要提升学生的韵律感，在锻炼的时候就要有音乐的加入，动作的类型不同，音乐的节奏和旋律也是不一样的。一般来说，在编排教学组合动作时应选择那些节奏鲜明、快速激情、容易理解，并为学生熟悉的乐曲，以便更好地掌握音乐节奏去完成组合练习；同时，编排动作时要充分照顾到乐句和乐段的整体性。

四、健身健美操成套动作的创编

（一）健身健美操成套动作的创编原则

1. 全面性

人体美最重要的一点就是要保持健康。也就是说，人体美，离不开人体的健康。健美操要求体现人体的健和美。它的主要目的就是让人的身心得到健康的发展。所以，对健美操进行创编的同时，一定要遵循发展身体综合素质的原则。所使用的内容应该注重对人体的综合训练，让人体每个部位的关节、韧带和肌肉都受到有效的提升，合理改善人体的内脏器官机能。而且，还可以采用多种类型的动作，并且在对动作进行设计的同时，要遵循对称性原则，即动作的结构必须是相互对称的。这样做可以让身体的平衡性和协调性得到锻炼。

2. 动作顺序安排的合理性

健身健美操成套动作锻炼的功效取决于该操动作编排、次序的逻辑性。通常健身健美操整套的编排构造能够划成三个部分。第一个部分是准备动作，也就是热身动作。通常先从和心脏距离较远的位置开始。动作要柔美、平缓，为整套动作提供身心双重条件。第二个部分是基础动作。通常先从头部和颈部或者是上身部位进行，接下来整个身体参与运动，或者是进行跳跃活动，让锻炼由小到大，逐渐进行。第三个部分指的是动作的完成，也就是整理或者放松动作。通常应该使用一些幅度小、速度慢、随意地伸展四肢和身体的锻炼，让身体和脉搏快速回复到最初状态。

健美操每一个成套的动作都是由不同的大节组成的。每套动作的结束以及重复次数，必须按照练习者的特征和任务需求来决定，一般每套操的构成都由12大节—14大节组成。

3. 运动负荷安排的合理性

健身健美操运动的总时长取决于运动任务和运动对象。健身健美操的整套动作通常维持在3分钟—4分钟上下，偶尔也会达到20分钟左右，甚至长达1小时左右。但无论哪种健身操，它的运动强度都应该和健身指标相匹配，并且对运动负荷的布置也要和人体运动的生理曲线相匹配。

要想让健身健美操运动负荷的安排和人体运动的生理曲线相匹配，一定要按照人体运动的生理规律进行运动，也就是运动负荷从低到高、心率改变由慢到快，上升形状呈波浪状，之后慢慢回复到安静状态。对应的编排动作也需要从简单到复杂，速度慢慢加快，强度慢慢变强，运动负荷慢慢上升，待到运动负荷达到一定程度之后，再慢慢降低负荷量。

4. 动作与音乐的统一性

有了音乐，健美操才拥有灵魂，离开了音乐的配合，健美操是不会得到人们的喜爱的。只有通过音乐的方式，才能让健美操的特点和风格体现出来。所以，音乐的各种元素要和动作的各种元素结合在一起，不然就不会体现健美操的艺术特性。

音乐节拍的变化，曲调的变化，都会影响动作的速度、力度和幅度的状态。动作和音乐保持统一步调，会调动练习者的情感，让练习者感受到运动的快乐，减轻运动带来的疲劳感，达到强身健体的效果，还可以达到陶冶情操的目的。最近几年，一些健美操音乐使用不同的节奏和旋律，由慢到快，最后再变慢。例如北京体育大学健美操研究组创编的银环健力操所配的音乐便颇有特色。序曲采用了优美抒情、悦耳动听、富有浓厚情感色彩的我国电影《小花》的插曲。通过它诱发人们欢快的情绪、活力和急欲"表现自己"的强烈愿望，从而使机体处于良好的心理和生理的准备状态。

5. 动作设计的创造性

健美操动作内容多种多样，从生活当中获取动作元素，动作来源于社会实践，又经过升华和改变，成为新型的、多变的、具有时代特色的动作。健美操动作必须持续加入新的元素，才能维持它的活力。

创造性的动作设计一定要独具特色。设计的同时应该按照健身健美操的特性，把体操和舞蹈动作融合在一起再进行创新和改进。创造出来的动作一定要将操的特性显现出来。健身健美操的每个动作都是由组合的方式展现出来的，并且要突出重点动作。整套动作中，动作之间的连接要具有创新意识，连接要有技巧性。带给人们顺畅、新鲜的感受。

（二）健身健美操成套动作的创编方法与步骤

健身健美操整套动作需要根据相应的程序来创编，创编方式和环节总结之后，可以分为如下几方面。

1. 确定目的和任务

指的是清楚创编的类型，详细的目标、责任和标准分别是什么。

2. 明确对象，拟订编操方案

清楚对象的年纪、身体素质、能力大小、器械条件等，也就是给谁创编健美操的相关问题。

3. 确定操的风格、设计动作

风格指的是，具有特色鲜明的个性。将整套操的风格确定以后，对个别的动作进行调整和改进，保持动作风格的统一性，防止动作风格不一致、不协调现象的产生。

4. 确定选配音乐

对音乐进行选取和分配的时候，可以使用备选音乐或者是创编音乐，无论乐曲的选择次序如何，乐曲和创编都要和音乐的各个元素相互协调和匹配。通常都是先选择音乐，之后根据音乐节奏和需求对动作进行编排。

5. 确定成套动作的组织编排顺序和运动负荷

整个动作的组织编排次序通常为从简单到复杂。通常开始时进行简单的热身活动，最后进行整理活动。要对每个动作的基础姿势和连接方式进行统一安排。这种顺序非常普遍，但是也不是没有变化。整套动作的运动负荷的布置，要按照从小到大的原则，渐渐增加，之后再慢慢将负荷量降低。对整套操的运动量要进行测定，同时将运动负荷的变化用曲线图的形式展现出来，利用曲线图对运动量进行分析，对运动负荷不合理的地方进行调节改进。

6. 记写成套动作

创编完成以后，应该将每节操的动作记录下来，记录方式可以包括绘图和文字两种。记录的内容和次序有根据以下几点来进行。

首先，记录下每个动作的名字、节拍和重复次数。

其次，将动作的图案绘制出来。包含动作的初始姿势、动作方向和路径，以及关键姿势。

再次，对动作进行备注。备注内容要简单明了，用语准确。首先对预备姿势进行备注，之后将每个动作依次进行备注说明。

最后，对做操应该注意的事项进行记录。

7. 实验和修改

实验之前，要制定相关方案，掌握实验的任务、标准和操作。进行实验的时候，试验对象必须具备代表性，采纳多方建议，进行整改和完善。进行实验的时候，可以制定一个调查表格，将多种状况记录下来，综合起来进行分析。

8. 定稿和推广

推广之后，应注意收集做操效果，为下一次编操积累必要的资料。

五、健美操创编的美学基础

健美操在当今时代被广泛地接收和热爱,变成了大众性的娱乐健身性质的运动项目,健美操可以在较短的时间里融入到人们的生活当中去,改进人们的生活状态,给人们带来快乐,得到人们的喜爱,这些都和健美操与大众审美心理相匹配是分不开的。

(一)健美操创编的美学原理

美的基础方式通常体现在整齐有序、匀称协调、整体多变等层面。这些全部属于健美操创编的美学基础。同时,健美操是受着体育、艺术、音乐、人体形态和社会审美等很多层面美的取向的影响。怎样按照美学原理,掌握体育艺术美的原则,制定和创造出与时俱进的技术动作和套路,属于健美操深度进展的基础前提。

所以,对健美操进行创造和设立的时候,需要根据如下几个方面的原则来进行。

1. 舞蹈

所有的舞蹈艺术都属于人类物质和精神上的载体。舞蹈属于用人的身体动作来展现身姿形态、传情授意的一种表演艺术。详细的说,舞蹈利用表演者身体的动作和形态作为传输介质,利用动作的不断变换,来讲人体的情感和意识传达并展现出来,是一种表演艺术。

从艺术的立场来讲,健美操的艺术美和舞蹈的艺术美是一样的,属于人的本质通过感性的方式凸显出来。所谓舞蹈艺术,就是所有舞蹈艺术的综合体,利用表演动作打造艺术形象。但是健美操的产生原因,是人们对美的渴求,属于体操、舞蹈和音乐慢慢融合的衍生体。在健美操比赛和表演过程中,运动者希望利用健美操,来展现身体的健美状态。

动作是健美操运动的基础。健美操也和舞蹈一样属于人体动作的艺术，它利用一整套的动作体现健美操的步伐、身形、手势等特征，同时根据动作的力度、速度和幅度，配合音乐韵律，做出不同的舞蹈动作，让这项动作变成一种语言，将动作的健美、气息和渲染力传达出来。对健美操进行创编的时候，要设计出具有鲜明特色的动作，还要对动作进行灵活的改变、顺利的过渡，整体体现自然美。

整体动作不但要按照不同音乐风格进行形式多变的组合动作，同时还要展现表演者的特性、生理特质和整体水平，利用不同的组合动作，将健美操的特征整体全面的展现出来，将人体动作的艺术美完全展示出来。

健美操展现出来的艺术美，体现在动作的变换上面，有的动作是动态的，有的动作是静态的，这些动作连贯顺畅，塑造出了一组组美妙的群体组合。和美术雕塑相同，健美操通过不同的动作形态展现了生活的不同画面，展现了动作编创者的审美水平。创编动作的时候，很多世人瞩目的雕塑的形状和形态都可以借鉴过来纳入健美操动作元素当中。并且，健美操也能够通过有名气的雕塑来展现、打造出从未有人创造过的雕塑。

所以，具有艺术特性的健美操运动展现出一种自然美的属性，对这种美的追求属于健美操运动的终极艺术领域。

2. 音乐

健美操的构成元素中，音乐是必不可少的。它的表达方式和手段比较特别，具有整体性和系统性，在音乐的陪衬下，健美操动作充满了力量和美感。音乐可以把运动员的艺术展现力表达出来，让动作发挥的更加协调和平衡，在音乐的配合下，健美操动作才能展现整套健美操含有的运动思想。

（1）音乐可以决定健美操动作的协调性。音乐和动作都要在一定的节奏下来进行，两者的连接和互动都是由节奏来做连接。健美操的音乐具有一定的特性，不但节奏感强、旋律美妙、具有动力，还具有浓厚的代入感。并且，整套操的风格和运动者的展现都要和音乐完美的融合起来，这样才能让动作更具有活力，让肢体语言更有生命，让动作运动产生的艺术美感完整的体现出来。

（2）音乐和健美操动作同时展现整套健美操的思想意境。在选取健美操音乐的时候，通常有两种选择：一种是按照动作对音乐进行选取，比如，儿童舞蹈的动作，音乐就比较活泼欢快；中老年人跳的健美操，就会融入日常生活的适合中老年人的舞曲；在啦啦队的健美操中，使用的音乐就应该是那种富有青春气息，激烈有动力的音乐。二是根据音乐创编动作，例如世界各地举办的健美操比赛当中，很多比赛队伍使用的动作中融入的音乐舞曲都有很多种类型，有些音乐的主题是参照动物的行为和体态设计的；还有一些是从儿童故事改变过来的音乐；还有一些展现民俗风气的，具有民族特色的音乐。可是，无论是用什么样的形式，健美操在表现的时候，一定要将主题体现出来。这个主题是通过音乐和动作共同表现出来的。

（二）健美操创编的美学特征

健美操将体育和艺术结合在一起，以其独有的艺术魅力吸引着广大群众；健美操运动体现出来的艺术美，不单单是人体的身体美，而是人体动作在音乐的配合下，表现出来的连贯、优美、有动力的整套动作体系，用不同形态展现出来的与众不同的艺术美的特点。

1. 技术方面

（1）造型美。健美操创编的时候，使用了很多的人体静态姿态，这些静态姿态用无声地形体语言展示了人体美。

（2）技术美。这种美是动作在技术上体现出来的，如果能达到这种美，说明健美操的技能十分熟练，并且这种技术符合人体力学和生理学原理。动作完成的十分出色，动作连贯、流利，运动幅度十分适度，所有这些都展现了竞技健美操运动的美学特性。

（3）难新美。这种美指的是高效率的达成动作标准，这些动作不但复杂有难度，也非常有创造力，完成这些动作的同时，会让人感受到动作完成的艺术美感。竞技健美操动作的复杂度如何，决定了比赛的结果，如果动作越难，表现得越好，那么比赛分数就会越高。所以，运动员应该持续创造和改进高难动作。

（4）编排美。这种美是把多种不同形式和难度不一的动作合理的结合起来，展现运动员的独特个性，让人感受到艺术美。健美操的编排，主要包括两个方面，一个是动作，另一个是队形。有专门的动作编排类比赛，编排的动作难美度越高，分数越高。所以，让运动成绩得到有效的提升，可以在成套动作的编排方面多下功夫。竞技健美操是由不同的单个动作共同构成的，所以创编者对动作进行创编的时候，不但要具备动作构造对人体影响的目标性和科学性，而且还要具备动作的造型美和外形美特性。尤其是集体项目的整体创编，还要注重动作创编和队形及图案的变换相互融合，让创编者有更大的发挥空间。所以，创编者对健美操进行创编的时候，一定要将其看成是一件艺术品，让动作的编排效果更加具有艺术性。

（5）队形的编排美。对于集体健美操而言，队形和图案是最关键的美学特点和美学展示。队形的变化可以改变队形的图案，变化的样式越多，图案的变化也越多。队形的创编可以将健美操的队形美体现出来。对队形的编排是编排整套健美操的组要环节。队形的不同展现形式能够让人感觉到变幻美，队形改变的顺畅性和整体性如何，会对编排的成果产生影响。队形转变流利连贯、新奇特别、布局完美，可以展现动作美感，将情感和氛围体现出来，形成美好的效果，还可以将运动员的情感调动起来，让整套操包含情感，切实达到将情感寄托在动作上的效果，整套操里面，队形的变化越频繁，流动性就越明显，就可以更加充分的利用场地，更好的展现队形图案，形成更多的队形艺术美。由此可见，集体健美操队形形式多样、变换速度飞快、连接非常紧密，合理展现了运动的优美特性。

（6）同步美。这种美指的是两人以上的集体项目，队员之间共同达成动作指标，这一过程中体现出来的步调一致的美感。健美操项目中，能够体现这种同步美的类型有两种，一种是双人类，另一种是多人类。

（7）结束动作美。无论是平时训练还是比赛及表演中，结束动作都是存在的，做这个动作的时候，会展现一种美学特性，这种美就叫结束动作美。这种美指的是动作和音乐结合在一起展现的美，或者是造型的美等。

2. 艺术方面

（1）表现美。所谓艺术展现美，指的是训练者将创编后的整套动作的美学价值展现出来，并且展现的方式具有艺术形式。健美操的布局合理，动作连接顺畅连贯，都是艺术美的表现。整体操中每个部分的开始、连接、高潮和合并的连接顺利和恰当，让人形成快乐的节奏感和松弛有度、高潮频发的美感。并且它的艺术美还展现在集体项目里队形的千变万化，每个队形之间变换的顺畅和美妙，配合恰当的队形和美妙的动作，将队形的美和动作的美共同体现出来。比如在六人操中，在大横排上进行高踢腿的动作，会让整套操看上去气势恢宏。

（2）节奏美。这种美展现在动作的重复有规则有次序。所有事物，无论是自然现象还是人类社会的每个方面，都有自己的运动节奏，这些节奏可以展现事物的特征和运动的规律，这就是所谓的节奏美。特别对于难美技能类项目来说，更要具有节奏美感，无论是在时间上还是空间上，都应该进行合理恰当的安排，它的节奏美展现的更加鲜明，很多人将这种节奏称为艺术节奏。

健美操动作节奏掌握的如何，关键取决于音乐的节奏感。利用不同动作的律动结合，将健美操动作和音乐节奏的相互关联有效的体现出来，进而达到最好的同步效果，同时也是健美操运动的最高要求。

健美操音乐中，音调的高低变化、长短变化和力度变化、以及速度变化，都让健美操具备了丰富的律动感。通过理论和实践，可以表明，运动的时候具有适度的节奏感，可以让人的动作更加协调，发挥的更好。健美操的动作节奏是在身体动作和音乐节拍的共同作用下完成的，这种节奏不但有规律由次序，还非常有节奏感和韵律感。健美操动作间的不间断的律动性，就是在音乐节拍的作用下，利用动作间的不同距离，不同力道，不同速度，不同的幅度，不同的能量等动作要素的有效结合，将动作连接起来，将人体的健、力、美体现出来。

（3）音乐美。离开了音乐，健美操运动就等于离开了灵魂。音乐美的特征为：节奏有力、曲调美妙，有动力，有活力。比赛规定中，明确了音乐的适宜特性："动作的风格和类别以及运动员的展现一定要和音乐的特征合理的融合在一起。音响的音质和音量一定要是高标准的，这样才能和运动员的整体动作融合在一起。"动作和音乐只有进行完美的配合之后，才能让整套动作看上去更有活力，才能让无声的身体动作更具备渲染力，才能让动作自身的意味更好的展现出来。并且给人们的视觉和听觉感知形成相匹配的刺激功能，让人们形成同样的情感想法。

（4）气质美。这种美指的是人的品质、气度、面貌、性格等全面性的内在美。属于人的心理层面对外界事物的一种体现。一个人的美包含两个方面，一个是内在，一个是外在。人的外在和内在世界是统一完整的，无论在哪个方面，都应该是协调一致的，也就是说，无论是动作、形象还是气质上，都应该具有统一的美性。运动员气质的展现属于竞技健美操审美特性的基础特征，它可以将人的情感和动作风格在表演中完美的体现出来。利用身体动作和面部表情的各种展现何变化，打造出能够对观众的视觉形成美的享受的艺术表现。运动员对竞技健美操的风格有不同的感受，这些感受通过动作和表情完美的展现出来，让动作和神态结合起来，让人在精神上得到享受，这就是所谓的气质表现美。

（5）装扮美。这种美指的是在自己的身体上进行装扮，展现艺术美感。人体装扮涵盖了服装和打扮两个方面。其中，服装美主要体现在穿着方面。打扮美体现在美妆和配饰方面。服装美属于人体装扮美的主要核心内容，它可以加深并强化人的外在美感。并且，适度的美妆，例如佩戴头饰，会给健美操运动的表演增添美感。

（三）健美操的审美标准及美的创造与实现

对美的追求，人人都有。在观看健美操的时候，怎样对它的美进行鉴赏呢？健美操的创编人员、舞美人员和运动员、演示者怎样体现和打造健美操的美呢？

1. 健美操的审美标准

（1）健美操是否具备美的特性，关键点在于它的健康美。当今社会，人们都希望自身的身心都处在健康的状态。这种追求比以往任何时代都强烈。健美操就是在这种情况下，应运而生。因此，健美操能否将人体的身心健康美展示出来，是衡量健美操是否具有审美价值的标准。

（2）健美操是否具有创新性，是健美操的高度追求。有了创新，健美操才能持续得到进展，同时，它也是健美操一直追求的一种美。因此，健美操的编排必须具备创新性，让整体动作看起来更具特色；音乐的使用合情合理，充满节奏感，有特点有活力；并且整体动作强度适宜，动作形式多样化，连接顺畅自然，地点和空间使用合理。集体项目要伴随队形的改变，以及身体的动力性结合进行。

（3）"动作美"是健美操审美的内容。表演者丰富多彩、新颖独特的动作展示，在时间的展开方式上打破静态美的框架；运动员以超强的个人能力完成各种难度动作，展示了人类超越自我、挑战极限的身体美；动作的高度、快慢程度、不同层次、幅度变化，让人们形成了起伏不定的情绪美。

2. 创造与实现健美操美的基本要求

对健美操的美进行创造和实践，必须按照之前所讲的不同方面的美学理论，和健美操的技能标准，同时健美操的相关工作参与者还要按照如下几点基础要求进行。

（1）创编者。首先，要对时代主题进行掌握，让创编风格能够与时俱进。艺术来自生活，又给生活带来了享受，艺术可以将时代主题展现出来。对健美操进行创编的同时，应该善于分析当今时代主题，清楚了解健美操展现的思想内容。只有将内容了解清楚，并将其渗透到创作里面，让创作动作和时代主题相匹配，符合人们的审美标准，才可以被社会接纳，进而被传播和发展。

其次，对动作进行创编的时候。全面掌握不同群体对美的追求。人们的审美标准按照年纪大小、性别不同、文化涵养不同和社会地位不同会有所不同。例如，青年人比较喜欢激情澎湃、富有活力的风格，老年人比较喜爱健康平缓、大方简洁的风格；男生比较喜爱有力度、有气势的美，女生比较喜欢柔和、意蕴的美；学历越高，越注重内在美，学历偏低者，比较喜欢外在美。创编者应该按照对美的不同追求，来创编不同的舞蹈种类。

再次，动作的设置类型、音乐选取、难易程度应该按照对象的年纪大小和性别特征来进行编创。按照人们进行健美操运动的目的不一样，健美操可以划分成三个方面，分别为竞技、表演和健身三方面：竞技健美操的参加者通常是年轻人，他们的目的是赢得比赛，赢得比赛的关键因素是难、新、美三个方面。表演健美操的目的在于利用表演的艺术感，展现人们对美的追求。这类健美操通常是用表演的艺术性将人的身心两方面的美感展现出来。对于健身类健美操来说，目的是利用练习的方式，强壮身体，塑造体形，不强调难度，但追求练习的成果，这类健美操适用于每个年龄段的人练习。通过以上分析，创编者指定动作风格的时候，应该按照健美操的类别、对象的年纪、性别不同对音乐进行选取，对强度进行选择并对符合强度进行设定，进而达成人们对健美操不同美的标准。因此，健身健美操的动作编创一定要按照整体改进身体状况，和对象特征相匹配，安全没伤害，强身娱乐等规则；竞技类健美操的目的就是比赛，这类健美操的规则和评分方式都是固定的，应该达成相关的动作难度标准，并且对复杂的动作进行完美的展现；对于表演类健美操而言，更加看重美的体现，注重艺术美的展现。

（2）表演者。首先，在表演过程中，形神要在美的方面保持一致步调。健美操是一种艺术性的运动类别，要尤其注重形神两方面的统一。形美，指的是表演者的身形优美，展现在身型体态和动作上；神美，指的是人体内在美、气质美和抽象美，表演者在音乐的作用下，将健美操的中心思想以及自己的理解，和表演者自己的性格、气度等融合在一起同时体现出来的美。无论是形美还是神美，都是利用表演者的表演成果展现出来的。所以，表演者不但要利用对自己的反复训练，达到技术纯熟，身姿完美，来展现健美操的形美；同时，表演者还要深刻领悟整套操的中心思想，让自己展现的情感最大限度的负荷创编者的初衷，进而展现健美操的

"神"美。最终，将健美操的形神两种美有效的综合起来。让健美操的美感展现出来。

其次，要和观众多沟通。"相互沟通和理解"可以将美更好的展现出来。现如今，只要是艺术类的表演节目，台上表演者都非常看重和观众的沟通和互动。这样做不但可以调动表演氛围，还可以让表演者和观众在思想上进行美的沟通和交流。眼睛对于每个人都很重要，通过眼神可以让人们感受到自己的意思和思想，表演者适度的和观众进行眼神交流，或者利用肢体动作将情感思想传达出来，让观众和表演者一起在音乐的带动下，进行欢呼和舞动。

第三，动作表演充满激情，情趣高雅。健美操的明显特征就是有活力有动力，就是因为这一点，健美操才会吸引更多的爱好者和追求者。动作适当的夸张、张扬正反映了青年男女张扬的个性，饱含激情和动力的生活。可是表演应该适度，不能过于夸张和张扬，要对技术动作有所侧重，不然就会打破观众的审美原则。假如为了取悦观众，故意设计一些夸张的动作或表情，为了满足审美标准低下的观众的需求，设计了低俗的动作运动，则完全违背了人们对身体健和美的既定原则。健美操运动员或表演者必须摒弃这种不好的动作，通过高雅的气质和熟练的动作以及健康的体魄来获取观众的热烈掌声。

（3）舞台设计者。首先，舞台的设计要能够展现健美操的中心思想。一般情况下，健美操比赛的主题都不一样，不同类型的健美操具有不同的主题。所以，舞台的设计一定要将比赛的主题体现出来，因为它是比赛进行的载体。

其次，舞台的射击要和比赛场地的要求相匹配。正式的竞技健美操比赛，对场地也有严格的规定。所以，对健美操场地进行设计的时候，应该根据相关原则来进行。

再次，舞台的颜色配置、饰品布置都要和季节特征、运动场所的特点相互匹配。设计者不但要对比赛的主题进行考虑，还要按照季节的转变等，将舞台效果进行变换，体现当时环境的特色，同时还要考量灯光对舞台形成的影响。

第二节 健美操创编的意义与原则

一、健美操创编的意义

（一）健美操创编是音乐与创新性思维的融合

1. 音乐能促进大脑左右两个半球的整体开发

现代大脑生理科学研究表明，心理活动主要由大脑左半球主管的人，他的思维属于思想家类型；而那些心理活动由大脑右半球主管的人，则属于艺术家类型。在我们享受音乐给我们带来的快乐的同时，大脑右半球的作用是将音乐的感受联想出来，也就是将音乐排序连接起来变成乐曲，左半球的作用就是对乐曲进行读取。假如我们利用耳机，分别用左耳和右耳对音乐进行聆听，如果没有音乐素养，就会非常喜欢左耳听到的音乐，而且很容易将乐曲记忆下来。但是具有音乐素养的人，就会对右耳听到的音乐容易掌握，音乐家利用分析的形式，对音乐进行解析，音乐家们的这种能力和左半球有很大的关系。健美操运动对音乐具有一定的标准，大学生不管是在健美操的课堂上，还是在培训机构里，又或者在竞赛当中，都和音乐有紧密的关联。如果利用对健美操音乐的鉴赏和实践经过中对音乐的持续加强，利用音乐对大脑的右半球进行开发，让大脑左右半球得到改善和发展，这样可以更有效率的对文化知识进行学习和创新。

2. 音乐能极大地激活人们的创新思维

从很多科学家的身上可看出，音乐、艺术、哲学、伦理学等人文学科，对于学生成才和全面和谐发展有重要作用。

音乐能激活人们的创新思维，是利用对人的听觉的刺激慢慢进入到人的灵魂里面，音乐可以让人短暂性的忘掉烦恼，让人在音乐的世界里自由翱翔，放松身心，尽情享受愉悦快感。这种美妙的声音，让人们能够在精神上得到慰藉，不但可以陶冶情操，还能够净化心灵思想，进而让禁闭的思绪变的豁然开朗，让大脑处在最好的状态下，可以更大限度的将灵感激发出来。

3.音乐能提高人们的记忆质量

由于音乐具有一定的节奏和频率，从生理和心理学角度来讲，音乐的声波振动具有一定的规律性，可以让人体组织细胞产生相互协调的一致性振动，让大脑皮层的兴奋度提升上去，将情绪状态调动起来，减轻或者避免外界原因或者是心理原因形成的慌乱情绪，进而达到调节机体、让其处在最佳心理状态的目标。

在爱因斯坦利用闲暇时间演奏小提琴的时候，大脑悄无声息的将乙酰胆碱和内啡肽分泌出来，对大脑的记忆力进行改进和提升。可能爱因斯坦不是读书最多的那个人，但是他却拥有常人无法比拟的记忆能力，在他的脑子里存储了大量的、全新的知识信息，在不寻常的，没有次序的刺激下，神奇的形成了相对论的理念。爱因斯坦独具特色的记忆形式和对音乐的鉴赏能力，让我们知道，音乐可以激发人的创新意识，让我们对音乐的价值有了更深的认识。

（二）健美操创编是运动与创新性思维的结合

思维能力如何，影响智力高低，创造性思维能力大小，决定了创造力的发挥能力。美国宾州大学教授罗文菲尔德提出创造性思维具有八大特征：对问题的敏感性、转换性、通顺性、创造性、再概括和再组成的智力、区分和联想能力、全面能力、组成的一致性。创造和独特这两种性质属于健美操艺术评分的关键因素，健美操原则规定："出色的竞技健美操整套动作一定要独具特色，让人印象深刻，它必须是不可预见的竞技健美操内容，连接过渡和音乐的体现出其独特性，涵盖起始、完结的八个节拍动作一定要与整体动作和音乐有效的结合起来。"在所有的健美操编排中，编排者一定要有创新意识，独到的理解，新奇、稀奇、首创的理念和整体的构想，要具备可以灵活获取多项知识和信息的技能，必须能够最大限度的进行想象，对项目的发展拥有精准的观察力。所以进行健美操运动，对健美操进行创编，可以将人的创造力、想象力开发出来，同时有利于人的灵敏性、敏感性得到提升。

二、健美操的创编原则

不管是什么类型的健美操，创编都是必不可少的。健美操能否获得预期效果，关键在于创编的水平和整套动作完成的标准如何。健美操的创编者不仅应具有一定的体育基础理论水平和健美操专业基础理论的知识，还要拥有相应程度的音乐、舞蹈和美学素质，对健美操的时代特征和发展方向都要有所了解。在这个前提下，再按照健美操自身的规律和创编规则进行创编活动。

（一）针对性原则

健美操的内容繁多，表现的形式多种多样，创编者需要按照不一样的练习者的特征，对不同的练习者进行不同的创编，创编的标准和原则也是不一样的。

比方说，校园内的大学生，文化程度高，适应能力强，体力充足，有充沛的精力，同时拥有强烈的表现欲望。所以，对大学生健美操进行创编的时候，一定要健康有活力、激情有动力、展现时代气息、包含艺术性和趣味性，以及能够充分展示大学生个性的代表性动作。动作幅度要大，力度要强，速度要快，负荷要大。再配合轻快美妙、具有时代特征、节奏强劲的音乐。同时，对男大学生的健美操进行创编的时候，应该选取和设置可以展现男子阳刚之气，可以体现男子健康身体、力度强大、健美性强的动作和造型。在创编女大学生健美操时，注意编创一些伸展、柔和、刚柔兼具、小关节活动充实、舞蹈性强的动作类型，进而展现女子矫健的身形，满足女性对美的追求，同时也展现了女性良好的协调性。同时还要特别注意针对女性的特点多编排发展腰、腹部肌肉力量的动作。

（二）目的性原则

健美操创编必须按照不一样的目的来进行，例如想要进行比赛类的健美操运动，就要清楚了解比赛的规则和流程，按照相关规定进行编排；例如想要进行健美操表演，就要全面考量表演的效果，无论是服饰、设备还是环境背景等，都要进行综合考虑；例如具有减肥效果的健美操，动作设计要通俗易懂、动作重复次数要适度，同时围绕有氧运动逐渐展开，让这项运动具有消耗脂肪的功效；假如想利用健美操让身形发展良好，让身体得到对称均衡的进展，就要按照练习者的身形特征，有目的的设置动作类型，让其形成对称、协调、健康和优美的身形；对具有保健作用的健美操进行创编的时候，可以对局部部位进行动作的特殊安排，比如针对脊柱侧弯的保健操，就要在体侧屈和体转动作方面，多加关注，多加练习。利用不同套路的健美操锻炼、演示和竞赛，形成不一样的健身效果，这也属于健美操的特征。

（三）科学性原则

每套健美操动作的创编都应严格遵循运动的生理解剖规律。健身性健美操每次运动的负荷应由小到大，动作由简到繁，强度由弱到强，逐步增加身体负荷。当达到和保持一定运动负荷后再逐步减小运动量，使心率变化由低到高，波浪式地逐渐上升，然后再逐渐恢复到平静状态，从而使心血管系统、呼吸系统、消化系统和内脏器官功能得到全面的改善和提高。

（四）全面性原则

人体是在大脑皮层统一调节下的有机整体。人体各部位之间、各器官系统的机能之间是互相联系、互相制约的。为了达到全面发展身体的目的，在创编成套健美操时，要尽可能充分地动员整个机体参与运动，使身体各部位的肌肉、关节、韧带及内脏器官得到全面发展。

（五）创新性原则

创新教育是人才培养中的一个重要过程，创新教育包括创新意识、创新思维、创新能力以及创新个性等内容，同样，创新也是健美操的生命。健美操的创编者首先要了解国内外健美操发展的现状和趋势，深刻理解健美操精髓。然后，根据健美操的特点及编操的对象，创编出既有健身价值又有美学价值，既有观赏价值又有表演价值，新颖、独特的健美操。健美操的创新应从多方面着手，在了解健美操基本要素的基础上，对健美操的动作进行创造性的编排。

第三节 健美操创编的依据、过程与方法研究

健美操的创编无论在教学、训练和比赛中都占有十分重要的地位。为了进一步提高教学效果和训练成绩，作为一名健美操老师和教练员，不仅要有丰富的体育运动知识，还应具有一定的音乐、舞蹈、美学等知识，必须了解健美操发展的信息（趋势、比赛规程和规则及裁判知识等），不断地提高创编的技巧性和创新能力，使创编的成套动作具有一定的思想性和时代气息感。

一、健美操的创编依据

（一）根据不同的目的任务

由于目的、任务的不同，在编排设计健美操动作的结构或艺术加工处理上也有所不同：在进行教学组合动作和成套动作创编时，主要目的是提

高和巩固教学大纲中的单个动作和组合动作的技术，所以，可以此为核心用不同形式和连接方法进行某一身体关节动作组合的编排或综合性的健身成套动作的编排，从而提高学生编排动作的能力，发展学生的协调性、节奏感和表现力；在进行表演性成套动作创编时，主要目的是表演宣传，促进该项目的发展，吸引更多的人来参加，所以在编排中要注重娱乐性和表演效果，可采用更丰富多样的徒手动作、舞蹈动作、技巧性动作、造型动作和队形变化等，以增加表演的气氛和感染力；而在竞技性健美操的成套创编时，主要目的是为了参加比赛，取得成绩，所以创编时必须严格按照规程和裁判规则的要求来进行。

（二）根据不同对象的特点

在创编一套健美操成套动作时，首先应考虑对象的年龄、技术水平、身体素质条件和个性与特点，明确要编什么样的操。其次在动作选择、音乐节奏和风格及动作结构的排列上应考虑不同对象的不同生理特点和心理特点。

（三）根据规则要求和国际的发展趋势

在创编一套竞技性健美操成套动作时，必须根据规则所规定的特殊要求、规定的难度数量和难度类型和特色、编排技术情况、现场表现、成套动作时间及场地使用等要求进行编排。为取得好成绩，在动作的编排上还必须适应国际的发展趋势，跟上国际潮流。当前，国际的发展趋势表现在成套动作节奏快，音乐与动作更吻合，难度增大，动作更丰富多样，表演更突出个性。如跟不上国际上的这些发展趋势，则被认为是陈旧性的编排，其价值就大大降低。

（四）根据体育美学的形式美法则

形式美法则是人类运用形式规律创造美的形象的经验总结。整齐、层次、和谐、对比、均衡、节奏、多样和统一等都是形式美的表现形式。在编排健美操成套动作时必须遵循美学规律，才能更充分体现出健美操的健与美的特征。如在编排单人成套动作时，运用形式美的法则，对成套动作的特殊要求和难度分布、高潮的出现要有合理严谨的布局和有层次的发展，通过对比手法进一步表现出每个动作的特色。在编排中还应注意动作的多样化和生动性，以及音乐和动作之间的协调配合，使整个动作更富有活力和协调优美。比如在编排6人成套动作时，可充分运用对比、层次、和谐、多样等形式美法则，另外，整齐这一表现又是6人项目创编时最重要的特点，必须使所编动作的性质、做法、节奏变化及移动方法、动作配合等都有利于6名运动员整齐一致地完成动作并表现出清晰的队形图案。总之，应根据形式美法则的相关规律进行健美操动作的创编。

二、健美操的创编过程

健美操的教学不能停留在学生机械的模仿上，要通过启发诱导、多媒体教学等教学方法，培养学生能力，引发课后效应，并在课内外一体化的催化作用下，增强学生自觉锻炼、自觉健身的意识，养成健身习惯。因此学生在初步掌握编操的原则与方法的前提下，如果能按个人意愿、身体状况自编自练，无疑对养成终身锻炼是一种激励和推动。

（一）掌握动作要素是创编的基础

对于不会跳健美操的人来说，要编出一套操是很难的，因此，健美操动作要素的掌握是编排的基础和前提。在动作要素的教学中，教师应尽可能向学生介绍动作素材，使学生了解健美操动作的内在规律，充分感受到其连续性、流畅性。只有在掌握了健美操的动作要素并对之有更多的体验和感受后，学生才能对已有的动作素材进行加工、移植、对比和再创造。

（二）创编单个动作

整套健美操的构成离不开单个动作，所以，对健美操进行创编的时候，要先对单个动作进行创编，这样才可以让学生具有创编理念。首次创编让学生利用课余时间完成，让学生拥有充足的联想时间，之后在课堂上对完成状况进行检查，给所有学生提供单独表演的机会，锻炼学生的表现欲和竞争意识，让学生变得更加开朗和外向，并且让学生之间互相学习和观摩。这一环节中，如果健美操水平平庸者，会觉得没有自信，觉得自己不能完成动作的创编，这个时候，教师不但要积极主动的支持和鼓励学生，还要利用启发式的教学方式，让学生建立信心，让学生知道输赢不重要，参与才重要，并且降低创编难度，对学生进行评价的时候，要多赞扬少批评，维持学生的创编热情。

（三）创编组合动作

首先进行1×8拍组合动作创编的教学，使学生初步掌握组合动作的创编方法，即先进行步伐的组合排列，再进行手臂动作的编排。其次进行乐句4×8拍组合动作的创编教学，目的是使学生掌握合理的连接和过渡技巧，使创编的动作具有连续性和流畅性。这一阶段，学生有了上述创编活动的体验，对自己的创编能力充满自信，创编欲望也不断高涨，创编的动作也逐渐趋于协调、合理，这时，教师对学生的表演应提出质量上的要求，要求其动作清晰准确、规范到位，动作与音乐相吻合。

（四）创编成套动作

教师对学生成套动作的创编可有时间、场地、队形变换的要求，可以规定少量的低难度动作，音乐自选，成套动作要表现出相应的协调性、合理性、流畅性和新颖性，动作之间连接的巧妙性，造型也应具有想象力和创造力。健美操成套动作的编排在很大程度上决定了健美操创编者对该项目的认识和理解。创编成套健美操这一阶段，可要求学生在课下分组完成，学生在经过集体构思后，通过观察、总结和提炼，将公认的最佳编排动作组合起来。

第四节　时尚健美操的音乐配制方法

音乐是健美操的灵魂。它不仅能激发练习者的情绪，提高练习者的兴趣，而且能锻炼练习者的想象力和表现力，培养动作的节奏感和韵律感，促进身心全面发展，同时还能有助于练习者合理掌握"力"的运用，以达到准确并轻松自如地完成动作的目的。可见，音乐与健美操的有机联系是该项目的特征。

一、音乐在健美操中的作用

实验表明：运动与音乐的配合，可以提高神经系统的兴奋性，减缓疲劳，提高练习效果，同时还可以改变运动员的心境，减少训练的单调感和枯燥感，改善自我调节的能力，轻松地完成各种动作，达到增力的效果。柔美和谐的音乐与自由舒展、缓慢柔美的运动相联系；浑厚、强劲的音乐则与紧张、激烈等事物或运动相联系。这就不难想象音乐在运动中所起到的作用，尤其是在健美操运动中的作用。音乐在健美操中的作用应体现在以下几个方面。

（一）激发练习者的情绪

健美操伴随音乐的变换，将自身的动作进行不同的变化和重复，能够让练习者形成快乐、积极的心态，增强学生的锻炼动力和兴奋度，进而完成强健体魄、陶冶情操的目标。如果音乐旋律没有变化，就算曲调再优美，时间久了学生也会出现厌倦感，对练习成果产生影响。所以，一定要注重音乐在练习中的曲调变化，这样才可以让练习者维持精神饱满的状态。

（二）具有号召力和感染力

健美操的音乐可以将练习者的疲劳和压力感减轻。不管持有什么样的心态，在音乐的作用下，练习者都会受到良好的锻炼效果，让训练者消除疲劳感，降低烦恼，卸下精神包袱。并且能够调动练习者练习时候的动力，加强动作展现能力。从观众角度来讲，节奏的反复变幻，能够让观众的情绪产生变化，时而平静，时而激昂，会让练习者不由自主的想要参与。

（三）加强对动作的记忆，对动作美的欣赏

音乐旋律的节奏与动作形象可在大脑皮层中形成一定的联系，因此可以引起联想和动作的自然反应，达到一定熟练程度时，根本就不用再想了。而在音乐的旋律中，不断出现动作形象，使练习者又达到了新的对动作美、音乐美的更高的欣赏境界，进而陶冶情操也就成为了现实。

（四）影响动作对身体的作用

实验证明，健美操的音乐能与练习者心跳频率产生节奏共鸣。即当音乐节奏加快时，心率也相应升高，而音乐减慢时则心率也相应减缓。在有音乐伴奏和无音乐伴奏的情况下练习，每分钟心率可以相差10次—20次，两者差异显著（$P>0.5$）。其原因是，音乐的节奏使大脑皮层中枢神经产生兴奋，给情感带来良性刺激而促进血液循环加速，呼吸加快，心跳频率增高，使练习者容易承受较大的体力和心理负担，提高工作能力，从而轻松自如地完成动作。

（五）诱导和激发灵感的作用

音乐使人产生联想，音乐节拍的强弱、节奏的轻重、音调旋律的和谐

柔美、音质的浑厚悦耳均会产生同动作和事物的联系。因此，根据音乐的这种特点能激发对动作创造的灵感，建立大脑皮层兴奋灶与兴奋灶之间的多种形象联系，进而把音乐艺术的"声"引入健美操的"形"中，更好、更美地创造出与音乐相适应的健美操动作来。

二、健美操音乐的特点

健美操音乐是为了配合健美操的练习而选用的，因此它必须以健美操动作为依据。健美操动作是一种对身体具有特殊功效性的练习。它具有自身的动作节奏，要求有一定的力度。动作幅度有小有大，动作速度有慢有快，动作姿态不仅要求优美，还要具有一定力度，动作连贯，无间隙，犹如行云流水，一气呵成。因此要达到充分发挥其效用，除按要求完成动作之外，还必须配合相适应的音乐，其音乐的特点应体现在以下几方面。

（一）音乐节奏鲜明、乐段明显、节拍清晰

音乐是健美操练习的口令，是动作的节拍。在乐曲中周期性出现的节奏序列，包含2拍、3拍或复合成4至8拍，其中一拍为强，余为次强或弱。强拍和弱拍反复出现而形成有规律的、强弱更替的、富有感情色彩的旋律表现。因此，健美操的动作节奏与音乐的节奏必须相吻合，才能协调一致。音乐节奏清晰能使练习者毫不费力地分辨强、弱的拍节交替，使动作的力度效果更强烈地反映出来。

（二）具有振奋精神的情绪效果

受到音乐对听觉的刺激，让练习者形成相应的想象画面，在自己的脑海里面产生相应的情感丰富的意境，进而影响自己的情绪。所以，音乐可以影响人的感情，还可以对人体的运动产生影响。

这项运动具有功能性和时代性，同时还有活力和动力，所以受到很多人的追捧。搏击运动者受到优美音乐的感染和有力节奏的影响以后，会在情感上形成相应的想象画面，让运动者想要投入到音乐画面里面去。

（三）跳跃性节奏的音乐更具感染力

对健美操练习起重要支配作用的是音乐，音乐的旋律、速度能使健美操练习更具有感染力。一套健美操动作选配的音乐速度在每分钟144拍—180拍时就能形成一种明快而强烈的跳跃性节奏，具有催人起舞的巨大吸引力，使健美操动作的韵律感、节奏感更加强烈，进而感染的效果也随之加强。它能使练习者随着音乐的旋律进入意境，这时一切烦恼皆可忘却；使旁观者身心感染，跃跃欲试，情不自禁。

三、健美操音乐的选择

健美操音乐的选择是一项重要的复杂而细致的工作，在教学训练和比赛中，对音乐的选择、理解和鉴赏是首先应解决的问题。一节动作、一套操，只有听觉与视觉和谐统一才能产生较好的艺术效果。而视、听的统一是建筑在对音乐的理解和鉴赏基础上的。因此，选择音乐实际上是教师或教练员对视觉形象和听觉形式的感性认识过程。只有理解音乐、鉴赏音乐，才能使健美操动作与音乐的配合协调一致、和谐统一。

（一）健美操教学和训练课中的音乐特点

健美操教学和训练课中的音乐（组合、表演组合或成套），不受比赛规则对有关音乐、时间等的限制，选择乐曲的自由度较大。但总的要求是简单、通俗、易于产生激情和表现。

1. 乐曲的结构应简单

一般以动听、欢快、动感强、节奏鲜明的旋律为主。教学中的基本动作及组合、节拍不是很长，应配以优美动听、节奏感强的旋律乐曲，易于学生接受，同时也能激起他们的兴奋性，并能产生欢快、振奋的情绪。

2. 节拍较规整，节奏鲜明，乐段明显

教学训练课中的音乐，强调节奏鲜明，才能更好地培养学生的节奏感和韵律感。在健美操教学时，各类操的基本动作都有其节拍性和节奏性的特点。因此，选用典型的有强烈节奏感的乐拍与各类基本动作组成或成套节拍相吻合。

3. 乐曲的长度应以动作为依据

在健美操教学时，先以基本动作和组合为主，再以成套练习，而基本动作组合都是以一定的律动性为依据的，其律动规律又是较规整的，很容易与音乐的节拍规律相吻合。教学课中基本动作的组合节拍多少是依据动作的内容和教学需要进行编排的。因此，乐曲的长度应以动作为主。

（二）竞技性健美操音乐的特点

1. 竞技性健美操的音乐受规则的限制

竞技性健美操各项目（单人、混双、3人和集体6人）的一套动作规定时间为1分45秒左右，误差不超过5秒。

2. 乐曲动听，节拍强劲，快速多变

竞技性健美操伴奏乐曲的乐句或乐段经过剪接都比较短小，属于短线条乐曲，在旋律上常采用机动发展的手法，使音乐的乐句更加灵活多变，以产生所需的戏剧性效果。这种短线条旋律的乐句，还能表现流动不息的特点，为整套动作增加动感。

3. 节奏鲜明，结构新颖，层次清楚

竞技性健美操成套动作连贯快速。因此，要求乐曲节奏强弱起伏鲜

明,把音乐情绪推向高潮,音乐的结构需要进行不同的变化,且必须限制在一定的短时间内;既要保持乐曲的完整统一性,又要有出人意料的变化;段落层次要既清楚又连贯合理,给人焕然一新的感觉。

(三)健美操音乐的选配

健美操音乐的选配通常采用以下两种方法。

1. 先选音乐

健美操音乐选择是十分重要的一项编操步骤,可以有理由认为音乐选择的成功是创编操成功的一半。有些人对此认识不足,只注意动作的设计创编,而忽视了音乐对创编设计的效用和对成套动作的烘托作用。好的音乐能激发情绪,提高兴奋性,产生灵感。这对编操是十分有益的。而在这种音乐伴奏下进行的练习者,更能进入意境,产生良好的共鸣效应。在实践中经常遇到这样的情况,尽管整套动作编排设计得不错,但由于忽视了音乐的效用,便会大为失色,不能给人以优美动人的深刻印象。

2. 后配制音乐

配曲是指在操创编基本完成之后进行的后期配乐。后期配音乐有两种方式:

(1)根据所编操的风格特点,挑选相适应的现成乐曲经加工或剪辑而配制成伴奏曲。

(2)根据已编好的操进行专门的作曲。专门创作的曲配成套操能完全根据动作的节奏变化、风格特点而编写,能使音乐的旋律强弱与动作的节奏起伏取得完全一致的律动效果,达到更完美统一的目的。但是目前具备这种后期配曲(专门作的曲配操)条件的尚不多,经常采取的还是对现成的乐曲加以剪辑来配合动作的办法。

（四）选配音乐应注意的问题

1. 基本动作和组合动作音乐应注意的问题

（1）基本动作和组合动作教学时，所配乐曲节奏要鲜明，旋律要优美动听，风格要一致，动作节拍与乐曲节奏要吻合。

（2）选配的乐曲要根据学生实际水平，随着动作的幅度加大或变换，乐曲的节拍要经常变换，使学生保持新鲜感，同时也有利于提高学生的乐感和音乐素养。

（3）选用现成的乐曲时，常受所选乐曲本身乐句、乐段长度的限制，而不能完全吻合时，乐师或教师应根据乐曲的旋律完整性加以剪接，使之保持乐曲的完整性和动作的统一性。

2. 成套动作音乐时应注意的问题

健美操成套动作的音乐，没有故事情节或具体内容，它只体现和反这一项目刚劲有力，富有朝气，健与美的体态等特点。选配好健美操成套音乐应注意以下几点。

（1）选配的音乐旋律要动听、振奋。健美操是一种人体运动的艺术，也是一项健与美的运动。无论是动作或音乐都应体现"美与活力"。

（2）注意选配的音乐要有完整性和统一性。成套健美操的音乐，可以从一部较长的乐曲中选用若干小乐段剪辑而成，或从几个不同主题乐曲中选段编辑而成，或是专门谱写的乐曲，但都应在有限时间内，尽量突出主题，突出重点，并注意乐曲结构的完整性和统一性。

（3）注意音乐与成套动作风格的一致性。如迪斯科健身操是以迪斯科动作为素材，这就要用迪斯科乐曲来伴奏才相吻合，使动作与音乐融为一体。如若选用其他风格的音乐就会导致风马牛不相及的结果。

(4)注意选编音乐的长度和灵活性。健美操规则已明确规定，一套动作时间为1分45秒左右，因此在编选乐曲时，最好把时间控制在1分40秒—1分50秒之间为宜。一般来说，一套健身健美操的音乐时间选在3分30秒到4分为宜。

第六章 时尚健美操运动形式简介

健美操形式多样，每种形式的健美操都具备不同的特点和功能，只有对不同形式的健美操有所了解和掌握，才能达到健身的真正目的，做到因人而宜，有针对性的健身。

第一节 踏板操与健身球操

一、踏板操

（一）踏板操简介

踏板操是一项大众化的运动，在动感的音乐伴奏下，通过上下踏板等健美操方法，进行有节奏地舞动，是以锻炼身体、修正体型、减少脂肪、愉悦身心为目的的一种有氧健美操锻炼形式。有氧踏板操于1968年起源于美国，并很快风靡世界。踏板操是有氧运动的一种，其动作简单易学，内容丰富有趣，在长时间和适量的运动中，能够有效地塑型，提高心肺功能，展现健、力、美。

（二）踏板操的特点简介

1. 自由可控

踏板练习借助腿和臀部发力，提高重心高度和肌肉的控制能力，大大减少了对下肢各关节冲击较大的跑跳练习，达到保护关节和韧带作用，从而减少损伤，提高锻炼者的安全性。

2. 内容多样

由于踏板的使用，健身活动动作内容大大增加。原来简单的踏步可变成上、下板。还可充分利用踏板的板面以及四个角来完成板上、板下的连接动作，增加和丰富了练习的内容。

3. 休闲娱乐

健美操与台阶练习结合而成的踏板操，保留了两者的健身效果，克服了单一项目锻炼的枯燥性，另外不同高度、不同数量的踏板为健身者提供了一个立体的全方位的活动空间，使健身更加有趣。

（三）踏板操的主要功能

1. 增强心肺功能

健身者要完成板上、板下的各种动作，就需要克服更多重力作用，所以完成同样动作，踏板练习比在平地上进行健身操练习要消耗更多能量。运动负荷的加大，也有助于运动者心肺功能的改善。

2. 培养良好的方位感

运动中，踏板独特的长方体结构能使练习者的方位感得到锻炼。练习时，需要练习者凭借自身的方位知觉，来准确察觉板的位置、自身的位置以及自身与板间的距离等。长时间这种转来转去、上上下下的踏板练习将提高我们的方位感知能力。

3. 对腿部和臀部的塑形作用

踏板练习时，身体的下半部分起主要作用，臀部和腿部在上下踏板过程中要克服重力作用，大腿部肌肉和臀部肌肉长时间运动，能消耗腿部和臀部多余脂肪，突出肌肉线条，对塑造健美的腿部和臀部有良好帮助。

（四）踏板操练习的注意事项

（1）踏板应稳固地放在地上，以免晃动。踏板的高度要因人而异，因课而异。

（2）身板挺直，抬头挺胸，收腹提臀，让身体维持平衡感。

（3）刚开始学习的人，可以两只手放在腰部，对下肢动作进行练习，等到下肢动作纯熟以后，再对上肢动作进行训练。

（4）站在踏板之上，双脚位于踏板中间，以防踏板不稳。

（5）下板的时候，前脚掌先触地，之后慢慢整个脚掌触地，防止脚步关节乃至下肢关节受到损伤。

（6）和板的距离保持在大约三十厘米距离。

（7）跳跃的时候，只适用于上板，不适合用在下板上。

（8）跳跃的时候，前脚掌要用力蹬地，到全脚掌，缓冲落地。

（9）每次上踏板时，控制好腿部肌肉处于正常、活跃的状态。落地时由前脚掌过渡。在做较复杂的动作时，最好别负重，保证安全。

（10）假如身体产生疼痛感或晕眩感，心脏跳动过快等状况，训练者要立即停止运动。

二、健身球操

（一）健身球操简介

健身球是采用含有超级橡胶原料的PVC材料制作的球体，直径从45厘米到75厘米不等，一般可选择60厘米左右大小的健身球。健身球球体表面具有海绵般的柔软度。车胎般的抗压性和气球般的高弹性。

健身球操是利用球的形状和弹性等特点，结合各种健身手段，编排出丰富多样的健身锻炼方法。它集健身、休闲、娱乐于一体，是一项新兴、有趣、特殊的健身项目。

（二）健身球操的特点

1. 超强的耐压能力和安全性

健身球重大约1千克，却可承受高达300千克的压力，球体既柔软舒适，使用又非常常全方便，是全新概念的流行健身产品。

2. 广泛的适应性

健身球运动适用群体非常广泛，不仅适合广大健身人群，同样对需要康复治疗、年龄较大、体质较弱的人，也有很好的治疗效果。

3. 简单方便，便于练习

健身球操对场地和空间的要求不高，只要保证有一块2米多见方的平地即可练习，室内室外均可进行，因此简单方便。

4. 形式多样，内容丰富

健身球既能持球练习，也可在球上做各种练习，故练习形式和方法多样，极具乐趣。

（三）健身球操的功能

1. 提高练习者平衡及控制能力

普通运动都是在地面或稳定性很强的器材上进行的，锻炼者不用太多地考虑身体的平衡问题。而健身球是圆形球体状的运动器材，因此，在球上做各种练习时必须保持很好的肌肉控制能力，否则将因用力不均引起健身球滚动，使练习者掉下来。因此，通过健身球练习能提高练习者的平衡及控制能力。

2. 有利于提高人体的柔韧性和协调性

健身球可以创造出很多伸展身体的动作，而定期做伸展运动不但可预防肌肉酸痛受伤，还可改善人体的柔韧性。另在球体上保持平衡、松弛地完成各类动作，就必须要求肌肉协调配合，因此，可以提高身体各部位的协调性。

3. 安全性的健身项目

对于部分身体较弱的学生来说是一种较为安全的健身项目。做球操时练习者的心率保持在每分钟115次—135次之间，人们通常不会感到喘气，但因健身练习时肌肉始终保持一定的控制，故消耗的热量达到每45分钟3千卡—6千卡（1千卡=4.18焦耳）。因此该运动既能避免剧烈的运动，又能调动全身肌肉同时协调用力，消耗大量的热量，是一项适合体弱者的锻炼手段。

（四）健身球操的练习注意事项

（1）健身球操对肌肉的控制能力要求较高，因此，为防止肌肉长时间收缩造成损伤,练习前必须充分热身,使身体各运动器官处于最佳运动状态。

(2)选择适合自身练习的健身球规格,过小不能支撑身体重量,过大则影响部分动作完成。

(3)健身球操以舒展性、控制性动作为主,因此,所选音乐节奏不宜过快、过于强烈,应选择一些抒情的、旋律优美的音乐。

(4)每个动作的练习时间和每次练习次数必须很好把握,以求最佳练习效果,不应过于勉强。

(5)练习时穿着较为紧身的、有弹性的服装,防治因服装过于松大影响动作完成,或因服装无弹性影响动作幅度。

第二节 有氧搏击操与健身街舞

随着社会的发展和健身锻炼者的各种需求,健身健美操的种类和练习形式呈现多样化的趋势。当前正在流行的不同风格的健美操,如有氧搏击操、瑜伽健身术、拉丁健美操、踏板操、健康街舞等,最大限度地满足了人们不同的需要。

一、有氧搏击操简介

有氧搏击操,又名跆搏健身操。顾名思义,跆搏是韵律搏击的一种形式,搏击操的步伐和姿势是从一系列自我防卫的训练中发展而来的,手臂动作主要借鉴了拳击的动作特点,腿部动作则以跆拳道的腿法为基本动作。

有氧搏击操充满了激情和爆发力,这项运动经过长久的练习,能让人的体力充沛、保持强盛的精力,并且能够让自身充满信心,并且这种搏击操持有娱乐性质,无论什么招式看起来都充满力量,让人具有心神愉悦的感觉。经过练习,会让腹部脂肪减少,并且肌肉紧实,你会觉得身体充满力量，无论做出什么招式，都会获得胜利。

人们的生活条件在时代的进步下，不断得到提升，人们对健康的追求也越来越高，各种不同的健身类型应运而生，最近几年有氧搏击操逐渐在国内普及，进而慢慢变为健身房内重要的健身活动。

二、有氧搏击操的特点和功能

（一）有氧搏击操的特点

（1）能让具有强大压力的人，得到身体和精神上的放松，不但有娱乐性，还有安全性。之所以这样说，原因是健身者不用和他人进行竞赛，也不用使用专业器械，只是单纯的出拳就可以了。

（2）这项运动融合了拳击和武术的双重基础动作，主张运动者一定要模仿拳击者动作，维持灵敏的腿部移动和双拳出击的灵活，活动量很大，可以让热量得到适度的消耗，并且还可以让心血管的活动保持正常标准。

（3）这项运动仅仅只要出拳动作和踢腿动作共同快速进行就能完成，不强调身体的协调性，运作起来更加简单容易，因此受到很多青年人的追捧。

（二）有氧搏击操的功能

1. 强身健体作用

有氧搏击操以有氧练习为基础，注意健身的全面性，使练习者的心肺功能和运动素质都得到全面的锻炼。

持续进行有氧搏击操练习，可加速交感神经系统的兴奋性，促进相关腺体的分泌，对心血管系统和呼吸系统机能的改善有着积极的影响。另外，有氧搏击操大幅度的动作可使肌纤维反复牵拉，从而增加肌肉的柔韧性和弹性；灵活多变的移动，可提高机体的灵敏素质；快速有力的踢、踹等动作可提高机体的协调性、平衡感和身体耐力，从而改善人体的综合健康水平。

2. 雕塑形体作用

有氧搏击操的拳法、腿法丰富多变，且要求出拳、踹腿、转腰等各种动作快速、准确，有爆发力，因而可使上、下肢得到充分锻炼，雕塑出优美的肌肉线条。同时，有氧搏击操中的所有动作几乎都要求腰、腹部在一定控制的基础上发力。因此，不但可增强腰、腹部的力量，也可美化腰、腹部的曲线，故有氧搏击操有着快速显著的健体塑形效果。

3. 减肥瘦身作用

这项运动强调练习者在出拳出腿的时候，要有速度，有力度，注意两者的结合，速度要快，力量要大，伸展幅度也要大，强度和负荷都得到增强的情况下，可以消耗练习者的能量，对于脂肪的消耗非常有利。

4. 自我防卫作用

这项运动在传统的有氧操前提下，融入了很多其他项目的攻防动作，比如跆拳道、拳击和武术等。所以，这项运动不但能够健壮体魄，还可以让自己具备防卫能力，所以很多人都喜欢这项运动。这项运动力度大、速度快，可以提升肌肉收缩的速度和力量。

5. 促进身心健康作用

这项运动让人通过攻击和防卫，建立自信，消除自卑心理。利用这项运动，能够让人的精力充沛，增强自信，在平时的生活和工作中维持积极向上的心态。因此这项运动对于那些身心压力都很大的年轻人非常适合。

三、有氧搏击操的技术基础

有氧搏击操的基本拳法、腿法都来自于搏击类项目，讲求在有效击打对方的同时保护自己不受伤害。搏击操动作在发力感觉上与拳击、跆拳道等完全相同，要求出拳、踢腿快、准、狠，在做每个动作时要求迅猛，有爆发力，做到"手到步到，手步一体"，整个过程一气呵成。

四、练习有氧搏击操的要求及注意事项

（一）练习有氧搏击操的基本要求

（1）有氧搏击操动作多变，在做每个动作时要求迅猛，有爆发力。

（2）有氧搏击操运动在出拳时，要求腹肌收缩，大吼一声，不但可锻炼到平时不易使用的腰、腹肌，用力出拳、大吼大叫都是缓解情绪的好方法，通过这种方法可以宣泄情绪，减轻压力。

（3）有氧搏击操动作简单易学，每个星期只要做2次—3次，1个月之后，身体就会出现明显变化。例如，加强关节活动能力、肌耐力，身体不再僵硬；消耗热量并增加肌肉量，进而减轻体重，促进健康。

（二）练习有氧搏击操的注意事项

（1）要有足够的热身时间让身体流汗和暖和起来，进入运动练习状态。若天气太冷则需加长热身时间。

（2）热身练习之后必须进行伸展练习。每一次都要伸展身体的主要肌群，特别应加强下肢的伸展。伸展时，以静态伸展为主，每一肌群每次伸展15秒—30秒。

（3）腹部、下鄂收紧，两手握拳于脸前（防御姿势），保持呼吸，不屏气。

（4）避免像专业运动员一样进行长时间的训练，应交替进行大运动量和低运动量的练习。特别是大强度步法练习结束后，应立即做腿部的伸展。

（5）侧踢腿时如向前扭胯会导致压力集中膝部，绷脚尖会扭伤膝盖，应向脚尖方扭胯，以减轻膝盖的侧压力。

（6）膝盖不要僵直，应随时保持弹动以减轻缓冲。在转身时要抬起膝盖，否则会扭伤十字韧带。

（7）击拳时要由肩部带动发力出拳，在完成击拳和踢腿动作前，眼睛应注视目标。

（8）不要在拥挤的房间或紧密的人群中进行后踢的动作，避免造成伤害。

（9）避免肘、膝部用力过猛；避免进行闪躲或猛击动作时由于动作过大而脱臼；避免扭转动作。

（10）若发生腿部疲劳、人体局部出现疼痛不适、眩晕、心率过快等情况，应停止练习。

（11）练习时受伤者应于48小时内进行R、I、C、E的治疗。何谓R、I、C、E呢？R即休息，I即冰，C即压迫，E即抬高。受伤后需让受伤部位得到完全的休息。当组织受伤后会发炎，其反应为红、肿、热、痛，为了使这些现象降到最低，必须及时采取冰敷以及压迫。抬高也是伤害处理中不可或缺的一个步骤，它的目的是要帮助血液及组织液的回流与吸收。

冰敷的方法：将适量的冰块放入塑胶袋，绷紧塑胶袋后，直接置于受伤部位15分钟。冰敷完后休息15分钟，然后再继续。注意若对冰过敏者请勿冰敷。

压迫的方法：利用弹性绷带或者是布带直接缠绕于受伤部位，注意不要缠得太紧，以免造成血液循环不良。压迫可以与冰敷同时进行，既省时又有效。

抬高：在冰敷、压迫及休息时，将受伤部位抬高到至少高于心脏。

注意事项：在急性受伤后48小时内，禁止推拿、按摩、过度伸展、热敷、外用药膏。

五、有氧健身街舞起源与发展现状

（一）起源

街舞起源于美国街头舞者的即兴舞蹈动作，这些街头舞者主要是黑人和墨西哥人。而这些流行的街舞多半发源自美国纽约的布鲁克林区。住在这个区的黑人及墨西哥人在街上娱乐、跳舞，自然而然形成各种派系，也很自然地在他们所跳的舞蹈上发展出不一样的风格。

（二）发展现状

早期Old School的音乐有非常快的节拍，以匹配这些Breaking的动作，而后随着Hip-Hop音乐的演进，出现了音乐节拍比较慢的NewSchool风格。人们发现，如果在这种慢板Hip-Hop音乐中做"风车"或"排腿"之类的动作，会觉得一点爆发力都没有，甚至失去舞感。人们开始了解到New School、Hip-Hop的音乐并不适应这些Breaking的动作，于是Old School与New School的舞蹈就开始分家了。早期（20世纪80年代）的New School的舞步非常简单，只有"滑步"等简单的动作。1992年，出现了一个叫作Mop Top的黑人舞蹈团体。他们发展出一种新风格的Hip-Hop。这种风格的Hip-Hop的动作中没有早先那种很大动作或大范围式的移动，更没有霹雳舞中那些在地上类似体操的动作，它独有的风格在于注重身体的协调性，重视身体上半身的移动，并增加了许多手的动作。这种新风格的舞蹈伴随着各国流行歌曲及MTV开始在全世界慢慢地流行开来，所以在各个国家所表现出来的风格也会有差异。只要是关心西洋音乐的人都知道，所谓的黑人PAP/Hip-Hop音乐目前不但早已摆脱黑人小众文化的色彩，而且成为可以和流行音乐、摇滚乐、舞曲相抗衡的音乐流派，它甚至已成为排行榜的常客，在流行乐坛占有一席之地。与这股Hip-Hop音乐息息相关的服饰、街舞、滑板、运动用品等，日益扩大其影响。

在亚洲地区，日本、韩国受到Hip-Hop的影响最深，而中国的音乐爱好者认识Hip-Hop，其实多受到来自韩国的组合酷龙和H．O．T的影响。这班人马把来自美国的Hip-Hop文化移植到自己的音乐甚至是服饰里面。如今再留意观察，你可以见到不少穿着宽宽大大的T恤衫与板裤的年轻男女，他们大都在20岁以下，玩滑板车、跳黑人舞蹈，一副美国街头青少年的模样。这一切表明，一股Hip-Hop风潮正以不可阻挡之势迅速风靡于时尚的年轻人中。无从考证美国人把Hip-Hop搬进健身房里的具体时间和缘由，但中国把Hip-Hop设在健身房有非常科学的依据。最初在日常训练中，把Hip-Hop当作提高协调能力、培养表现力的重要训练手段，有时也会做表演之用，往往受到人们的喜爱。随着Hip-Hop的风靡，加之它的难度不大，强度适中，有很好的健身价值，于是被健身房采用，至今影响颇好，已成为内地非常时尚的健身方式。

六、有氧健身街舞的特点及功能

（一）特点

（1）不是单纯的体育类别。街舞的目的是健身，内容包括多种舞蹈素材，展现了青春、动感同时拥有观赏性和趣味性的全新的运动形式。

（2）风格多变。各种Hip-Hop音乐风格结合的动作不但拥有基础的自由、轻松的动作感，还会具备不一样的动作表现方式，同时对称性动作很少，变化形式多样，慢慢发展成多种风格。

（3）具有创造空间和发展空间。对动作进行创编的时候，风格不一样的Hip-Hop音乐会让创编者获取不一样的灵感和发挥空间。对学生进行传授的时候，学生不但要学习基础动作，还应该加入一些自己喜欢的动作，让整套动作具备自己的特色。

（二）功能

（1）有氧运动的效果。街舞的动作包含各种流行舞蹈动作，可以让身体的每个部位都得到锻炼，而且舞蹈动作不会对人体形成损害。整套街舞在教学和训练经过中，一直处在动态，运动强度不过大也不过小，不但可以调节心肺功能，还具有减肥的功效。

（2）对心理进行调整。街舞的锻炼都是由集体锻炼的方式展现的，同时配合动力十足的Hip-Hop音乐，创造了特别活泼、快乐的训练环境。好的街舞老师在教育学生的时候，不仅让学员成为一个学习者，还会成为一个表演者，在镜子前面，尽力的发挥自我能力，任何不良情绪都会抛诸脑后。现代生活里，无论是家庭还是工作，都给人们带来压力，让人的心理形成不良情绪，通过对街舞的训练，可以让负面情绪有所缓解和调节。因此，街舞带给人的印象是：一种面带微笑进行的运动项目。

七、有氧健身街舞的主要技术

（一）缓冲技术

街舞的缓冲技术主要表现在膝关节的弹动、踝关节的缓冲以及髋关节的屈伸三个方面。该技术不仅让你把握住街舞的动作特色，而且与动作的安全性息息相关。在街舞的练习中，膝关节几乎很少伸得很直，多数是在微屈或弹动的状态下完成动作的。

（二）控制技术

街舞的控制技术主要表现在肌肉的用力方式和用力顺序两个方面。街舞的多数动作有很强的动感和力度美，为了表现这一特色，就需要频繁地使用肌肉的爆发力,有时某些动作会出现在音乐的弱拍上,这就要求动作速度很快,因此,肌肉的松弛与紧张收缩必须协调控制,才能达到应有的动作效果。

(三)重心的移动和转换技术

街舞在重心的移动技术方面主要表现在动作方向的变化上,通过前、后、左、右的移动,使身体运动的路线发生丰富的变化。街舞的重心转换技术主要靠左右脚支撑的变化来实现,除了上肢和躯干的动作之外,这一技术动作占据了很大的比例。它使街舞动作具有律动感和技巧性,从而展现了街舞的基本特色。

八、有氧健身街舞的教学要求

(一)初级课

在街舞的初级课上,主要让学员掌握音乐节奏特点和基本动作。可以将基本动作编成简单的套路进行练习。这种套路包含的动作内容一般较少,而动作的对称性较强,学员比较容易掌握,也容易对动作形成记忆。这是街舞学习者入门的第一步。

(二)中级课

相对初级课而言,中级课动作内容较丰富,动作的对称性不再那么明显,变化较多,也可以增加简单的跳跃、转体等技术动作。在动作的练习过程中,老师更注重让学员把握动作的感觉和特色,而不仅仅只要求达到熟练性这一步。

（三）高级课

在街舞的高级课上，除违例动作外，所学习的内容更具有表演性，动作的变化更多，节奏变化更丰富，而且加入了一些较复杂的技巧动作。可以说，这一级别的课程要求学员具备一定的身体素质水平，年龄不应过大，一般在40岁以下为宜。

九、有氧健身街舞的教学步骤

（一）选择音乐

选择适宜的音乐，是上好课至关重要的一个前提。可以说Hip-Hop音乐是街舞的灵魂。首先，音乐的动感是否强烈是选择音乐最基本的一个标准。其次，将节拍速度不同的音乐分好类，并与教学的不同阶段相对应搭配。一般在准备部分和分解教学部分所选用的音乐节拍速度较慢，而到了成串练习阶段，音乐节拍速度相对快一点为好，可以使运动强度在课的高峰阶段有所上升，也使学员的情绪达到一个高峰期，这样锻炼效果会更好。在课的放松阶段，最好也用Hip-Hop音乐，但要选择节拍很慢且具有抒情色彩的那种音乐。

创编动作。课前一定要将此步骤完成。在动作的创编过程中必须把握以下几个原则。

（1）动作一定要与音乐匹配。

（2）禁止将违例动作编排在套路中，以免使学员受伤。

（3）选择自己习惯的方式将所编动作加以简要记录，如做出动作图解或简要的文字说明等。

（4）将所教授的第一个8拍动作分解，以便在开始练习部分使用。

（二）课上部分

1. 热身部分

在这一部分的练习中，将分解出的单个动作进行教授和练习，使学员基本掌握动作要领。采用分解教学法，在讲解的同时，配合以镜面、背面和侧面等多种示范法。

2. 主要部分

这一部分的教授内容需要把握以下几个教学特点：用"滚动式"教学法，将单个动作组成成串动作，再将各8拍动作自然连接成组合动作，从而过渡到成套动作。这样的教学方法，可以保证每节课都有连续练习的动作，以确保一定的运动量和运动强度，也使学员掌握完整的动作要领，提高练习的兴趣。

运用"情感式"教学法，将自己对音乐的体会、理解以及创编时的想法通过形体语言、比喻、夸张等多种方式传达给每一位学员。并给学员留有一定的想象、发挥空间，以此把街舞的个性化、风格化的特色充分展现出来。运用提示、引导和鼓励性的语言，把握课堂气氛。活泼、热烈的气氛是一堂成功的街舞课的重要标志。首先老师应将自己融入其中，用极其形象的语言提示动作感觉，引导和鼓励学员充分展现自身的活力和个性。比如，当你发现有一些学员动作放不开时，你可以这样说："嘿！请大家看看镜子里面，你就是最棒的，你的动作最地道。让我们试着把动作放开……瞧！这样做是不是很棒？"

3. 整理部分

这一部分可以把"温度"慢慢降下来，用抒情的Hip-Hop做背景音乐，可以选择套路里的或自编的一些较柔的动作，结合呼吸让大家放松，充分感觉街舞松弛的动作特色。

(三)课后部分

一堂课结束后,有的学员可能直接向你提出质疑,或者你自身在教学过程中发现教授方法和动作编排方面存在问题,这时候你需要及时做记录,并加以修改。如果你没有忽视这一环节的工作,那么它带给你的益处是不言而喻的。

十、有氧健身街舞的特色教学方法

(一)示错法

在教学过程中,如果学员出现明显的错误动作,可以通过将错误和正确的动作对比示范的方法进行纠正,加深学员对正确动作的理解和掌握。

一般地,在下列情况下运用示错法效果较好。

(1)当学员在学习过程中出现了带有明显的健美操或其他舞蹈特色的动作时,可利用示错法将这样的动作模仿出来,以纠正错误并加深其对街舞动作特色的理解。

(2)当学员的动作力度、律动感不强时,也可酌情使用示错法加以纠正。

(3)当学员的错误动作具有伤害性时,也可酌情使用示错法指出错误,并讲明利害关系。

(4)当动作路线、方向、位置出现明显的错误时,使用示错法纠正,效果也是比较好的。

(二)辅助动作教学法

在中级、高级的街舞课中,有一些较复杂的动作。如果老师直接进行示范讲解，学员掌握起来十分困难。为了确保街舞课中的"有氧性"这一特点，可以通过一些辅助动作练习过渡一下，使学员轻松掌握原套路动作。一般地，在下列情况下应使用辅助动作教学法。

（1）对于节奏变化复杂、律动感难以把握的动作，可以编排踏步击掌等简单动作帮助学员掌握。

（2）对于路线、方向变化复杂的动作，可将原套路动作的路线、方向简化后进行分解练习，等到基本步伐掌握后，再加上方向变化，这样学员掌握起来更容易一些。

（3）对于重心变换复杂且发力方法不好掌握的动作，应选择一些与原动作相似且简单、发力单一的辅助动作先进行练习，等到学员掌握该动作的技巧后，便可以顺利过渡到原套路动作的教学过程中。

第三节 水中健美操与健身瑜伽

一、水中健美操简介

水中健身操最初在美国产生，和陆地健美操有非常紧密的关联。受到场地的束缚，一部分人无法进行路上健美操运动，比如：体重过重、年龄超限和膝、踝关节有损伤的人员。所以，有人利用健美操的优势，结合水的特征，在水中进行健美操运动。经过实验，可以得知，在水中进行有氧操有很好的效果。不能进行陆上健美操的人员在对水中健美操进行训练以后，身体慢慢变得健康有力，身形优美，疼痛感慢慢降低。水中有氧操产生之后，历经长久的实践和经验总结。在20世纪80年代中期的时候，日本产生了水中有氧操，1989年的时候，日本建立了水中有氧操普及会，并且逐渐在全国范围内得到普及和推广。在中国，水中有氧健身操兴起不久，普及度不够高。因为水中健身操训练环境与众不同，目的性强，人们在锻炼的时候，感受到了和陆上健身不一样的快乐，前途一片光明。

二、水中健美操的特点

人在水中运动所受的阻力是空气中的800多倍，在水中跳操与在陆地上相比，人们至少要多用6倍以上的力量，因此，水中运动可以取得事半功倍的效果。另外，水环境的热传导能力是空气的28倍，因此人在水中即时静止不动也要消耗更多能量，而在水中运动20分钟所消耗的热量，相当于同样强度在陆地运动1个多小时。此外，人在水中的受力是均匀的，水中运动时对机体的可塑性也最强，尤其对腿和腰腹的训练效果更加明显。同时，水的浮力作用使体态肥胖的人在水中活动时可感觉轻松自如，克服了陆地上活动易疲劳的缺点，所以说水中有氧健身操是一项老少皆宜的锻炼项目。

三、水中健美操的健身功效

（一）安全舒适

因水的浮力作用，大大减轻地面对身体各关节的冲击力，人体在运动中各关节、骨骼、肌肉的压力相对减少，关节不易受伤。同时，水的浮力使身体的关节更加自如，减少了运动的疼痛感。

（二）保健护肤

由于水中锻炼人体基本不出汗，减少了陆上训练后汗水中盐分对皮肤的刺激。同时，在水中运动能提高皮下血管循环功能，有利于新陈代谢增强。水还可以按摩，水流、波浪的摩擦和拍打具有特殊的按摩作用，可避免并减少肌肤的松弛和老化，使肌肤光洁、润滑、富有弹性。

（三）降温去热

一般人因运动使身体产生大量热量，尤其在炎热的夏季，人们会因为闷热而产生烦躁的情绪，远离运动。但水中有氧操是人们在27摄氏度左右的温水中运动，故水很快将身体的热量带走，人们不再会有热的感觉，也就能保证了锻炼的连续有效性。

（四）有趣多样

水中锻炼除了能采用陆上练习内容外，还增加了大量利用水的特性，而在陆地上无法完成的动作。同时又因水的作用，一些练习效果和感受变得与陆地上完全不同，因此，锻炼不再使人感觉枯燥、乏味，而是变得有趣、多样和快乐。

四、水中健美操主要内容

从初创至今，水中健身操的练习内容形成了一个渐进的发展过程。最初，以水中有氧练习为主，内容比较单调，多是下肢练习。在发展过程中，逐渐增加了上肢和全身运动，增强了身体的协调性和平衡感，形成了目前的水中有氧健身操。

水中有氧健身操由热身练习、有氧练习、肌肉力量强化练习、整理放松四部分组成。为了更好而有效地进行水中有氧操训练，在安排健身计划时，应该根据不同情况和年龄分组进行。

开始练习时，一般多以单个动作反复练习，教会练习者如何用力，体会水对人体的独特亲和力。水中健身操在国内刚刚兴起，人们对其健身功能及效果了解较少，练习的动作尚处于探索阶段。

五、水中有氧健身操练习注意事项

（1）锻炼前做身体检查。了解锻炼者的运动损伤情况、患病情况和运动能力。

（2）锻炼的安全性。锻炼者不要单独在水中锻炼，初学者在水中练习时，水深一般不要超过腰部。中高级水平者，水深可在胸部与腰部之间。

（3）护肤。在室外参加有氧健身操还要涂抹抗水的防晒霜。

（4）初级班学员主要以传授基本动作为主，分解讲授，多次重复，强度低，动作简单。

（5）中级班学员在掌握基本动作的基础上，结合音乐，熟练运用技术动作，中等强度，动作变化较多。

（6）高级班学员能够熟练完成全套动作，动作规范，姿态优美，音乐与动作融为一体。

六、瑜伽简介

对于瑜伽（yoga）来说，它是一种强身健体的方式，在东方领域，是比较古老的一种运动形式。最初产生于印度，之后慢慢在全球范围内流行起来。瑜伽这个词组，最早来自梵文，翻译过来就是综合、融合、关联、协调和统一的意思，同时也是瑜伽的追求。最开始，锻炼瑜伽的人只有一小部分，通常锻炼的地点在寺院、乡村小屋、山间洞穴和深山老林中，练习者都是在专业的瑜伽老师带领下进行的，之后这项运动慢慢在印度的普通人层中开展起来。但现今的瑜伽，已然和以往的瑜伽运动不一样了，慢慢的变成了一种对人体进行修炼的方式。同时，运动的人群范围也逐渐扩大，在全球范围内开展起来。印度很多学校都有瑜伽课程。从广义上来看，瑜伽属于一门哲学类别，从狭义层面来看，瑜伽属于一项精神和肉体结合的运动。一般提到的瑜伽，是指练功方法，用来增进人们的身体、心智和精神的健康。

七、瑜伽练习的特点

（一）集中注意，调整呼吸

瑜伽不是单纯的功法和姿势练习，而是作为一种手段，在优美安静的环境中通过调整呼吸，把注意力集中于这一练习在其体内产生的感觉上，达到人体与精神合一的境界，这是瑜伽最大的特点。

（二）抛弃杂念，净化心灵

冥想是瑜伽练习的一个组成部分，冥想就是在排除杂念后沉思、静虑的过程。练习者在宁静的心境下排除杂念和烦恼，放松大脑，释放压力和紧张情绪，使身心产生平衡和安宁。

（三）结合自然，愉悦身心

瑜伽要求练习者融入大自然的怀抱，呼吸自然清新的空气，使人的精神和肉体保持健康状态，因此练习完瑜伽后不仅感到身体舒适，而且会有种愉悦的感觉。

八、瑜伽练习的功能

（一）帮助练习者保持平和心态和健康身体

瑜伽练习可通过意念和自我内心对话等方法减少忧虑和烦恼，创造一个良好的内心环境，从而帮助调整内分泌腺体活动，防治内分泌系统紊乱，提高自信心、消除烦恼、平和内心。

（二）提高身体柔韧性，培养良好的体态

瑜伽的各种姿势使身体各关节肌肉缓慢而充分地舒展，防治肌肉组织功能下降，消除肌肉萎缩和关节僵硬，使身体的柔韧性得到改善，身体僵硬部分得到舒缓，虚弱部分变得强壮，从而使体态更为优美。

（三）预防疾病，消除忧虑

随着竞争日益激烈，工作压力的不断增大，人们的心态变化无常，随之而来的心理疾病不断增加。瑜伽练习可使练习者内心平静，缓解压力，忘记怨恨，消除怒气，因此从某种意义上说通过瑜伽练习可有利于人们防治各种心理疾病发生。

九、瑜伽练习注意事项

瑜伽锻炼者要清楚进行这项运动的时间、地点、精神状态、运动服饰和其他相关事项。

（1）时间：早上，进食以前属于最好的训练时间。晚上或者另外时间练习也可以进行，只不过一定要在空腹的时候或者食物被完全消化后的状态下进行。

（2）地点：进行瑜伽锻炼的时候，应该在安宁、清新、环境优质的地方进行，如果条件允许，应该在露天场地进行。保持训练地点的空气通畅，这对于调息练习尤为重要。

（3）安静：瑜伽练习时一定要维持安静状态，不能进行话语交流，可以在轻松、安静的乐曲背景下进行。总而言之，要让精神高度集中起来。

（4）休息：瑜伽的休息和其他训练的休息不一样，每次休息都属于冥想行为。休息的功能不能小觑，利用休息，可以让人身体得到放松，让身

体获取能量，同时能够让人的意志更坚定，更加肯定自己。

（5）准确的练习方法：想要获取瑜伽训练的成功，一定要使用正确的训练方式。瑜伽属于正规的科学类别，假如不能依据规定进行运动，瑜伽的训练就会成为没有趣味的机械动作，和真实的意义相悖。

第七章　竞技健美操创新训练

创新是一切事物发展的生命，竞技健美操也不例外。竞技健美操的创新主要表现在富有创意的主题选择，难度的创新，过渡连接的巧妙，操化动作的独特、队形变化的新颖、开头结尾的出人意料，以及音乐与服装的个性化展示上等。

第一节　竞技健美操动作创新训练

竞技健美操动作创新主要是指"创新主体通过结合竞技健美操运动基本技术理论和实践基础，以技术为对象，在原有的技术基础上改变其原理、结构、功能、方法及应用等特性因素并创造、发明或引进新事物以提高竞技健美操的技术和理论体系的一系列活动，是通过技术进行的创新，本身没有发生革命性变化。

竞技健美操动作创新主要包括操化动作、难度动作、过渡与连接以及托举与配合动作创新四个部分，且他们之间相互联系，相互过渡，操化动作后可以接难度动作、过渡与连接、托举与配合，反之亦然。

一、竞技健美操操化动作创新

操化动作是指以健美操基本步伐与手臂动作结合的形式，伴随着音乐以创造出动感的、有节奏的、连续的包含高低不同强度的一连串动作。高水平操化动作的创新体现在通过七种基本步伐、手臂组合和无重复动作的组合表现出与音乐风格及重音相符的操化动作。

二、竞技健美操操化动作创新的必要性

一连串的操化动作是竞技健美操的重要组成部分。是竞技健美操区别于其他体操最大的特点。操化动作是竞技健美操成套动作的基础,操化动作创新是设计出各种新颖的动作展现出无穷变化并不断出新以吸引裁判和观众的眼球,这也是裁判评分的重要方面。操化动作创新的好与坏将会影响成套动作的艺术得分。

三、竞技健美操操化动作创新训练

通过将七种基本步伐与手臂动作的完美组合来进行创新。在竞技健美操竞赛规则中有明确规定,必须在基本步伐与手臂动作的基础之上来进行操化动作的创编,可以通过更多的身体部位参与完成动作;运用不同的关节、动作空间、动作幅度、肢体长度;运用不对称的动作和不同的音乐节奏;同时通过运用手臂动作变化、改变移动速度、增加动作频率;变换方位;操化移动的路线以及改变步伐的角度、速度、高度、节奏以及空间等加之配合不同的手臂变化来为操化动作进行创新。

第二节 竞技健美操难度动作创新训练

难度动作创新是指将难度动作进行分类,对各类动作的技术原理及技术特征进行综合分析,再根据不同种类难度动作基本规律、力学原理,创造独特的难度组合,以此创造出更新、更难的高难度动作。

一、竞技健美操难度动作创新的必要性

难度动作创新是比赛名次差异的关键,是成套动作的精华,是整个技术的核心。难度动作的创新是顺应难度动作演变规律的需要,"难、新、

美"是难度动作演变的必然要求，创新是竞技健美操难度动作的发展壮大的不竭动力，是其不断完善与精细的助推器。

难度动作创新是难度动作分值不断改变的需要，国际体联已经降低了原有难度动作的分值，导致0.8分以下的难度动作比率都在减少，又0.9以上的高难度动作的比率在增加。所以迫切需要创新或演变出新的难度动作以补之。

难度动作创新是难度动作总数不断变化的需要，新规则中难度动作质量有所下降，国际体联将原先难度水平低、没有竞技价值的难度动作进行了合并与删减，正说明了国际体联需要创新和发展来拓展新的空间。难度动作创新是改变裁判审美疲劳的杀手锏，四类难度动作可供运动员们选择的范围非常广，但通过统计与观察，运动员们常用的动作就归结为几个，所以当别的运动员的难度动作都相类似时，一个出其不意的创新的难度动作便会吸引裁判与观众的眼球，从而获得高分。

二、竞技健美操难度动作创新训练

（一）单个难度动作创新

难度动作经历了一个由简单到复杂、由少到多、由旧到新再到多元的发展历程。

单个难度动作主要采用逆向的思维或者难度递进加难的方法进行创新。逆向思维是指从反向进行考虑，动作顺序逆向主要用于复合动作，是将现有两个或多个动作顺序颠倒过来，从中获得新动作的创新方法。

而难度递进加难是指在不改变原有动作技术原理的基础上，对其内容与形式逐级加难来达到创新的目的及方法。

（二）两类难度组合动作创新

难度组合是指两个难度动作在没有任何停顿、犹豫和过渡的前提下直接组合，这两个难度动作可以同组别或者不同组别，但必须是不同类别的，他们将被视为两个难度，若这两个难度均达到了最低完成标准，则该难度组合会得到0.1的加分。在最新版的规则中出现了根命组、根命名的新规定，即相同根命组、根命名的难度动作不能在一套操中重复出现。因此只能尝试不同组别难度动作的组合创新。难度组合的出现给高水平的选手更大的发挥空间，同时在一定程度上提高了难度动作的技艺性和观赏性。难度组合出现的次数越多并且变化多样，操化组合的自由空间就越大，成套动作的编排也就越具观赏性和艺术性。

两类难度组合创新法就是从整体出发，系统地对因素、结构、层次、功能以及动作方向路线进行新的选择、组合和建构，使创造性思维拓宽变广。在竞技健美操难度动作创新中，组合创新法属于常用的方法，规则中出现的很多难度动作均属于组合创新。一般组合创新主要有同类难度组合创新和异类难度组合创新。同类难度组合创新主要是指竞技健美操当中的同一类难度进行组合创新。

第三节　竞技健美操实践创新

一、竞技健美操"过渡与连接"创新

在竞技健美操成套动作中，过渡动作是指从一个造型、状态、风格、位置转换到另一个形式的动作，用以连接成套中两个不同主题或段落，动作空间允许改变。连接动作是指联系两个不同的动作，该动作本身没有空间变化。通俗地说，就是将不满一个8拍的操化动作称为过渡连接动作，将不在同一个平面完成的不满8拍的动作称为过渡，在同一个平面完成的不满一个8拍的动作叫作连接。成套动作过渡、连接技术合理、巧妙、创造性的编排意味着新思想、新形式、新含义、新元素、新改进或想象力，促进难度动作的完成，避免重复和单调。过渡与连接创新是为了空间更完美的转换；是为了便于难度动作更好地展现与完成；是为了能够帮助同伴间托举

与配合更加顺畅、新颖、安全。

（一）竞技健美操"过渡与连接"创新的必要性

从竞技健美操的过渡与连接动作的功能论，合理、巧妙的过渡与连接动作有利于消除动作变换间的跳跃性，有利于难度动作、造型的优化配合完成，同时又能提高该难度动作的难度价值，起到事半功倍的效果。其次，过渡与连接动作成为成套动作空间转换的重要途径。从过渡与连接的艺术价值来讲，过渡与连接动作将纷繁复杂的动作自然、巧妙地连接可显示其独到的艺术性，同时其本身的复杂多变也具有艺术性。通过不断的变化，能够很好的表现成套动作的艺术风格，起到锦上添花的效果。多变的动作会给裁判和观众层出不同的感觉。

（二）竞技健美操"过渡与连接"创新方法

过渡与连接动作是在成套动作中连接操化、托举、造型等之间实现以及空间转换间的健美操特色动作，以充分体现成套动作的多样性。过渡与连接动作将各种类型的动作自然、巧妙地连接，且过渡与连接动作自身的设计也极具艺术性。随着竞技健美操的不断发展，过渡与连接动作趋于多样性和复杂性。

二、竞技健美操"托举与配合"创新

托举是指当一名或多名运动员被举、抱、支撑或借助外力离开地面的动作。配合是运动员之间的相互联系。成套动作中必须有2次托举和动力性配合，且两次托举必须是原创的、不同的。这就使得我们必须努力创新。

（一）竞技健美操"托举与配合"创新的必要性

竞技健美操中的托举与配合是制约我国竞技健美操优势项目发展的

瓶颈。在近几届的世界锦标赛及世界杯赛中，我国健美操各个项目都有了实质性的突破，但通过观察能够明显看出，尤其是混双和三人项目集体项目，我们的托举与配合的创造性低于竞争对手，致使表现力逊色，艺术分偏低。第二，托举与配合创新是新规则中艺术评判的重要内容。托举与配合动作的评判在新规则中占2分，是以前规则中没有出现的，而出其不意、别具匠心的托举与配合是我们不断追求的目标，空间变化的层次、幅度与稳定性能够给人带来独特的视觉冲击，这一亮点，在一定程度上将引导着未来的发展趋势。第三，托举与配合动作是体现运动员相互关系的桥梁，是混双、三人和五人项目的特色组成部分。因此，托举与配合的创新是我们应该向其他国家学习的重要内容，也是我们应努力创新的方面。

（二）竞技健美操"托举与配合"创新方法

"托举"顾名思义，需要"托"与"举"的相互配合，所以底座与尖子是托举与配合的两个重要组成部分。底座即是将另一名运动员托起来的运动员，尖子则为被同伴托起来的队员。因此托举与配合的创新主要是底座与尖子的配合创新。

后　记

　　健美操运动是我国学校体育教学中的重要内容，以其健身、娱乐、观赏、教育等众多功能价值得到青少年学生的青睐。

　　青少年是国家的未来，民族的希望，他们的身体和心理都得到健康发展，人格健全，是所有父母和教师的共同心愿。当然也是素质教育一直想要达到的教育目标。想要利用健美操来达到强身健体、愉悦身心的目标，就要对健美操的相关方面有所了解和掌握，尤其在健美操的理论和技能方面。

　　我们将此书献给广大青少年，希望可以提高他们参与健美操运动的兴趣，让她们体验到健美操运动的快乐，从健美操教学方面和实践创新方面让青少年获取更多的健美操知识，为他们的学习生活增添风采。

参考文献

[1] 陶李军，李海. 现代健美操运动技能分析与教学研究 [M]. 北京：中国纺织出版社，2018.

[2] 赵晓玲，马煜澄，蒋嘉陵. 健美操 [M]. 重庆：重庆大学出版社，2017.

[3] 赵晓玲. 健美操教程 [M]. 重庆：重庆大学出版社，2017.

[4] 王晶. 新形势下高校健美操中教与练的研究 [M]. 长春：吉林大学出版社，2017.

[5] 华川. 健美操 [M]. 合肥：合肥工业大学出版社，2016.

[6] 方熙嫦. 健美操 [M]. 福州：福建科学技术出版社，2015.

[7] 王文文，王庆宇，罗丽娜. 健美操价值的魅力解读 [M]. 长春：吉林大学出版社，2015.

[8] 朱晓龙，李立群. 健美操 [M]. 杭州：浙江大学出版社，2014.

[9] 胡良玉，王泽刚. 健身健美操实用教程 [M]. 北京：北京理工大学出版社，2014.

[9] 健美操运动教程编写组. 健美操运动教程 [M]. 北京：北京体育大学出版社，2014.

[10] 王莉. 健美操运动健身与训练 [M]. 长春：吉林大学出版社，2014.

[11] 文岩. 健美操教程第2版 [M]. 上海：复旦大学出版社，2014.

[12] 邓晞翎，邓艳香. 健身健美操 [M]. 桂林：广西师范大学出版社，2013.

[13] 赵亚娜，刘美云，杜美. 高校健美操训练理论与方法研究 [M]. 北京：中国书籍出版社，2013.

［14］吴晓亮，吴璐岑，梁云云. 形体与体育舞蹈［M］. 长沙：湖南大学出版社，2013.

［15］刘浩. 竞技健美操体能训练理论与实践［M］. 武汉大学出版社，2013.

［16］健美操运动教程编写组. 健美操运动教程［M］. 北京：北京体育大学出版社，2013.

［17］颜飞卫. 大学健美操、体育舞蹈、排舞教程［M］. 北京：北京师范大学出版社，2012.

［18］史正义，李霞. 健身健美操教程［M］. 天津：南开大学出版社，2012.

［19］郭文斌. 瑜伽［M］. 上海：上海文艺出版社，2012.

［20］李德玉，胡素霞. 健美操［M］. 北京：化学工业出版社，2012.

［21］黄小红，刘正杰，董丽波. 高校健美操运动的发展与创新［M］. 长春：吉林大学出版社，2012.

［22］张晓莹. 健美操教学文件的制定与范例［M］. 北京：北京体育大学出版社，2012.

［23］匡晓红. 健美操［M］. 北京：高等教育出版社，2011.

［24］张予南，高留红. 体操初级教程［M］. 北京：北京体育大学出版社，2011.

［25］陈学文. 形体训练教程［M］. 重庆：重庆大学出版社，2010.

［26］匡晓红. 新遍健美操运动教程［M］. 西安，陕西人民出版社，2010.

［27］张小妮. 高校健美操课程教学现状与教改对策研究［J］. 当代体育科技，2017（09）.

［28］郭玉. 我国高校健美操课程开展现状和发展策略［J］. 当代体育科技，2013（02）.

［29］雷丰华，吴丽晶. 现代健美操的美学因素分析［J］. 咸宁学院学报，2011（01）.

［30］甘意昊. 我国高校健美操高水平运动队可持续发展研究［D］. 上海：华东师范大学硕士研究生学位论文，2016.

[31] 熊艳. 我国普通高校健美操"运动教育模式"的理论构建与实证研究[D]. 北京：北京体育大学研究生学位论文，2013.

[32] 葛柳. 高校健美操教学中渗透人文素质教育的研究[D]. 长沙：湖南师范大学，2012.